mandelbaum *verlag*

Seyla Benhabib

KOSMOPOLITISMUS IM WANDEL

Zwischen Demos, Kosmos und Globus

aus dem Englischen übersetzt von Andreas Wirthensohn

mandelbaum *verlag*

IWM-VORLESUNGEN
Herausgegeben am Institut für die Wissenschaften vom Menschen

mandelbaum.at • mandelbaum.de

ISBN 978-3-99136-053-7

Lektorat: ELVIRA M. GROSS
Satz: KEVIN MITREGA, Schriftloesung
Umschlag: MARTIN BIRKNER, MICHAEL BAICULESCU
Druck: PRIMERATE, Budapest

Inhalt

VORWORT 7
Zu Ehren von Albert Hirschman

KAPITEL 1 11
Der kantianische Kosmopolitismus
und seine Kritiker

KAPITEL 2 31
Von der Hermeneutik des Misstrauens zur
Rekonstruktion des Weltbürgerrechts

KAPITEL 3 53
Der Globus als Welt, Erde und Planet

FAZIT 73

ANMERKUNGEN 81

Vorwort

Zu Ehren von Albert Hirschman

Ich möchte dem Institut für die Wissenschaften vom Menschen meinen Dank dafür aussprechen, dass ich im Oktober 2023 als Albert-Hirschman-Fellow nach Wien eingeladen wurde. Es ist ein Glücksfall, wenn ein Fellow dem Werk des Gelehrten, in dessen Namen das Stipendium verliehen wurde, bereits begegnet ist. In meinem Fall geschah dies vor einem Jahrzehnt, als ich gebeten wurde, Jeremy Adelmans wirklich bemerkenswerte Biografie über Albert Hirschman mit dem Titel *Worldly Philosopher. The Odyssey of Albert O. Hirschman* zu besprechen.[1] Als jemand, der sich ausgiebig mit der Frankfurter Schule, mit Hannah Arendt, Judith Shklar und Jürgen Habermas beschäftigt hatte, glaubte ich, genug über das Denken deutscher Emigranten des 20. Jahrhunderts und dessen Vermächtnis zu wissen, aber ich war verblüfft, als ich von Hirschmans Leben und Politik erfuhr.[2] Gemeinsam mit Varian Fry, dem amerikanischen Diplomaten, der im Auftrag des Emergency Rescue Committee nach Europa gekommen war, um so viele Persönlichkeiten wie möglich aus den Fängen des Faschismus zu retten, bereitete Hirschmann für Hannah Arendt, Walter Benjamin und viele andere Visa vor, die es ihnen ermöglichten, die Grenze zwischen Frankreich und Francos Spanien zu überschreiten. Zwar nahm sich Walter Benjamin am 26. September 1940 in Port Bou in einem Moment der Verzweiflung das Leben, doch viele andere verdanken ihr Überleben dem Einfallsreichtum und dem Mut von Hirschman und Fry.

Das war nicht Hirschmans einziges Vermächtnis. Er war Zeuge der tragischen Geschichte der Niederlagen der europäischen Linken, aber auch der Geburt eines Manifests der Hoffnung, das erst in einer damals noch unvorstellbaren Zukunft verwirklicht werden sollte. Von Juli bis Oktober 1936 kämpfte Hirschman in Barcelona aufseiten der anarchistischen und unabhängigen linken Bewegungen Spaniens, bevor Stalin sie mithilfe des Franco- und Hitlerfaschismus vernichtete. Wie Adelman schreibt, habe Hirschman über diese Episode nie sprechen wollen.[3]

Der junge Hirschman war auch an der Konzeption des Manifests von Ventotene beteiligt. Diese programmatische Schrift, eine der ersten Formulierungen eines transeuropäischen politischen und wirtschaftlichen Projekts, wurde von den italienischen Theoretikern Eugenio Colorni, Altiero Spinelli und Ernesto Rossi verfasst, mit denen Hirschmans Schwester Ursula zusammengearbeitet hatte, und von Rossis Frau aus dem Gefängnis auf der Insel Ventotene geschmuggelt. Das Manifest mit dem Titel *Per un'Europa libera e unita. Progetto d'un manifesto* (»Für ein freies und einiges Europa. Projekt eines Manifests«) wurde bald zur offiziellen Programmschrift der Europäischen Föderalistischen Bewegung. Hirschman, der den Zusammenbruch der unabhängigen Linken in Europa miterlebt hatte, konnte nicht wissen, dass er bei der Schaffung einer alternativen Zukunft zugegen war, die erst ein halbes Jahrhundert später Wirklichkeit werden sollte.

Obwohl Hirschman Europa in Richtung USA verließ, ließ ihn seine europäische Vergangenheit nicht los. Nach dem Krieg bewarb er sich um verschiedene Regierungsposten in den USA, die langsam in den antikommunistischen Wahnsinn des Kalten Krieges abglitten, erhielt jedoch keine Sicherheitsfreigabe vom Finanzministerium und musste die USA mit seiner jungen Familie in Richtung Kolumbien verlassen. Durch diese Begegnung mit einer außereuropäischen und nicht angelsächsischen Welt entstanden einige von Hirschmans bleibenden Beiträgen zu den Sozialwissenschaften des 20. Jahrhunderts.

Damit meine ich nicht nur die berühmte Trias *exit, voice, and loyalty* (»Abwanderung, Widerspruch und Loyalität«), sondern vielmehr eine alternative Vision von wirtschaftlicher Entwicklung und sozialem Fortschritt, die ich im letzten Teil dieses Buches kurz erläutern werde. Hirschman war einer der Ersten, der die Gleichsetzung von Entwicklung mit industriellem und exportorientiertem Wirtschaftswachstum westlicher Prägung kritisierte. Damit eröffnete er eine Möglichkeit, ökologische Belange mit der Wirtschaftspolitik zu verknüpfen. Sein Werk verbindet drei Themen, die im Mittelpunkt dieses Buches stehen werden. Meine zentrale Frage lautet: Wie können wir den Kosmopolitismus in der heutigen Welt zusammen mit dem Bemühen um Gerechtigkeit im Globalen Süden und dem Streben nach planetarischer Nachhaltigkeit neu denken? Quer über Landesgrenzen, Sprachen, Kontinente und wissenschaftliche Disziplinen wie Ökonomie, politische Theorie, Ideengeschichte und Anthropologie hinweg hat Albert Hirschman den Weg gewiesen, auf dem wir uns diesen Fragen auch in der heutigen Zeit nähern müssen, ohne uns zu scheuen, die Grenzen disziplinärer Traditionen zu sprengen.

Kapitel eins diskutiert den Kosmopolitismus im Lichte zahlreicher zeitgenössischer Kritiken, die sowohl in den Kulturwissenschaften als auch in der politischen Philosophie geäußert worden sind. Das zweite Kapitel befasst sich mit den Verflechtungen von Kosmopolitismus, kapitalistischer Moderne und Imperialismus und verficht eine Rekonstruktion von einzelnen Aspekten des Völkerrechts im Lichte der Beiträge von Wissenschaftlern aus dem Globalen Süden. Das dritte und letzte Kapitel wendet sich der entstehenden planetarischen Perspektive in den Arbeiten von

Dipesh Chakrabarty und Bruno Latour zu und unterscheidet zwischen Welt, Erde und Planet als den verschiedenen Dimensionen des Globus, die wir berücksichtigen müssen.

*

Misha Glenny, Ivan Krastev, Evangelos Karagiannis und Maria Derntl möchte ich meinen tiefsten Dank dafür aussprechen, dass sie dafür gesorgt haben, dass sich mein Aufenthalt am IWM gleichermaßen produktiv wie angenehm gestaltete. Professorin Ayşe Çağlar gebührt mein besonderer Dank dafür, dass sie diese Einladung initiiert hat und während meiner Zeit in Wien eine herzliche Begleiterin war. Vielen Dank auch an Linda Alcoff, Ken Baynes, Carol Gould, Bernard Harcourt, Karuna Mantena, Kendal Thomas, Emily Apter und Bob Gooding-Williams für ihre Kommentare zu früheren Versionen des ersten Kapitels. Serena Cho vom Yale Department of Political Science danke ich für ihre Hilfe bei der Erstellung des Literaturverzeichnisses und Andreas Winthersohn für seine sorgfältige Übersetzung.

Kapitel 1

Der kantianische Kosmopolitismus und seine Kritiker

Kosmopolitismus aus heutiger Sicht

Das intensive Interesse am Kosmopolitismus in den Sozial-, Politik-, Kultur- und Rechtswissenschaften geht auf die letzten beiden Jahrzehnte des 20. Jahrhunderts zurück. Mit dem Fall der Berliner Mauer 1989, der Wiedervereinigung Deutschlands und der Erweiterung der Europäischen Union auf ost- und mitteleuropäische Länder, die zuvor unter kommunistischer Herrschaft gestanden hatten, schien das kantianische kosmopolitische Ideal[1] der Vereinigung verschiedener Länder unter der Herrschaft des Rechts, der Achtung der Menschenrechte und der Freizügigkeit von Menschen, Waren und Dienstleistungen über Grenzen hinweg – der Mission des gemeinsamen Marktes der Europäischen Union – lebendig zu werden.[2]

Im selben Zeitraum verfochten Denker, die den Eurozentrismus dieses kosmopolitischen Revivals mit einer gewissen Skepsis betrachteten, eine Alternative, die sie »Kosmopolitik« nannten.[3] So heißt es bei Peng Cheah: »(…) Untersuchungen verschiedener globaler Phänomene wie transkulturelle Begegnungen, Massenmigration und Bevölkerungstransfers zwischen Ost und West, Erster und Dritter Welt, Nord und Süd, der Aufstieg globaler Finanz- und Geschäftsnetzwerke, die Entstehung transnationaler Interessenvertretungsnetzwerke und die Verbreitung transnationaler Menschenrechtsinstrumente« schienen eine andere Form des »nicht-ethnozentrischen Kosmopolitismus« zu verkörpern, die sich besser mit dem Begriff »Kosmopolitik« fassen ließe.[4]

Doch am Ende dieser transkulturellen Begegnungen, Massenmigrationen und Diasporabildungen, die nun allesamt in den durch die Globalisierung erzeugten Finanz- und Kommunikationswirbel hineingezogen werden, stand weder ein immerwährender Frieden, wie Kant es sich gewünscht hätte, noch ein nicht-ethnozentrischer Kosmopolitismus, wie Peng Cheah und andere Kulturkritiker gehofft hatten. Stattdessen wurde der Konflikt zwischen Religionen, Kulturen und öffentlichen Institutionen, der aus diesen Begegnungen erwuchs, erstmals mit den Anschlägen vom 11. September 2001 auf das World Trade Center in New York und dem darauffolgenden weltweiten Aufstieg islamistischer Bewegungen sichtbar. Bald folgten vielfältige kulturelle und religiöse Fundamentalismen anderer Art, die vom Hindu-Revivalismus bis zum ethnozentrischen Chauvinismus der hegemonialen Supermächte USA, Russland und China reichen. Mit Blick auf die Auseinandersetzungen um die Bedeutung des Laizitätsprinzips, das Tragen des Hidschab durch muslimische Mädchen, die zunehmenden multikulturellen Anforderungen an den säkularen Staat und die Flüchtlingskrise in Europa stellte Étienne Balibar fest: »Die zeitgenössische Kosmopolitik ist eine besonders vieldeutige Form der Politik; sie besteht ausschließlich aus Konflikten zwischen Universalitäten ohne vorgefertigte Lösungen.«[5]

Zu Beginn des neuen Jahrhunderts durchlebten der Kosmopolitismus und die Kosmopolitik schwere Zeiten. Während der Optimismus über die Ausbreitung der internationalen Menschenrechte im Zuge der endlosen Kriege gegen den Terror und der humanitären Interventionen schwand, die vielen Krisen der Europäischen Union zur

Desillusionierung über das europäische Projekt führten[6] und die Demokratisierung in Ost- und Mitteleuropa ins Stocken geriet und illiberale Demokratien hervorbrachte, war der Austritt des Vereinigten Königreichs aus der Europäischen Union im Januar 2020 der endgültige Sargnagel aller kosmopolitischen Träume. Nicht nur in Ungarn, Polen und Russland, sondern auch in der Türkei, in Indien und in den Vereinigten Staaten kam es zu einem langsamen und anhaltenden Aufstieg des Autoritarismus. Und seit Russlands Angriff auf die Ukraine im Frühjahr 2022 haben die Wolken des Krieges den europäischen Horizont erneut verdunkelt.

Für autoritäre populistische Bewegungen ist der Kosmopolitismus zum Erzfeind geworden. In ihren Augen verbünden sich die kosmopolitischen Eliten mit der Verteidigung des Völkerrechts, den globalen Menschenrechten und den Flüchtlings-NGOs.[7] Sie würden die Geschichte ihrer Nationen und das Unrecht, das ihnen widerfahren ist, ignorieren und stattdessen für offene oder zumindest durchlässige Grenzen plädieren;[8] sie seien gleichgültig gegenüber der Besudelung der nationalen Kulturen durch fremde Werte und Sitten und feierten deren Kreolisierung und Fragmentierung.

Die Corona-Pandemie befeuerte die populistischen Ängste noch zusätzlich: Ein Virus ohne Grenzen bedrohte Leben und Gesundheit, Wirtschaft und Wohlstand. Als sich der Impfstoff-Nationalismus ausbreitete und die Nationen begannen, Mauern zu errichten und die Zugbrücken hochzuziehen, führte eine Pandemie, die eine globale und wahrhaft kosmopolitische Antwort erforderte, allenfalls zu halbherzigen Versuchen der Regierungen, die Bemühungen von Pharmariesen wie Pfizer, Merck, Johnson and Johnson zu unterstützen und zu subventionieren. Plötzlich, im Jahr 2020, schien unsere Welt geschrumpft zu sein, denn das Virus war überall, und gleichzeitig standen wir alle in unseren privaten Räumen unter Quarantäne. Mediengiganten wie Google, Facebook, Amazon, Instagram und Twitter beherrschten die Kommunikation und Information, während sich echte öffentliche Plätze zunehmend leerten. Anstelle von globaler Solidarität gab es einen Rückfall in nationalen Isolationismus und Egoismus.

Wichtige Denker, die den Kosmopolitismus einst verteidigt hatten, verabschieden sich nun von ihm. Étienne Balibar ist der Ansicht, dass die heutige Kosmopolitik nicht »die Verwirklichung eines philosophischen Kosmopolitismus präfiguriert«, aber immerhin lässt er die interessante Möglichkeit offen, dass sie auch nicht die Möglichkeit aufhebt, »ihn als Bezugspunkt zu nehmen«.[9] Emily Apter fasst diese Bedenken, an Balibar anschließend, wie folgt zusammen: »Das kulturelle Modell des Kosmopolitismus war (…) genauso obsolet, denn es beruhte auf (…) einer Ablösungstheorie des Subjekts, das von den primordialen Ansprüchen des ontologischen Nationalismus befreit war, sowie auf *einem vorgefassten Begriff des Menschlichen* und der Pflege der alten Humanismen innerhalb der geisteswissenschaftlichen Disziplinen.«[10]

Während im französischen Kontext, dem sowohl Balibar als auch Apter verpflichtet sind, die Kritik am kosmopolitischen Humanismus vor allem den Arbeiten von Jacques Derrida und Michel Foucault zu verdanken ist, hat Martha Nussbaum, eine der frühen Verteidigerinnen des Kosmopolitismus in der englischsprachigen Welt, in ihrem jüngsten Werk die kosmopolitische Tradition als *a noble but flawed ideal* bezeichnet, als »hehres, aber mit Mängeln behaftetes Ideal«.[11] Der Kosmopolitismus ist ins Kreuzfeuer der zeitgenössischen Kämpfe in Kultur, Politik und Recht geraten, und bei wichtigen Denkern ist ein Abdriften in Richtung eines liberalen Nationalismus festzustellen.

Der Kosmopolitismus hat drei verschiedene Dimensionen. Erstens ist er ein *moralischer Standpunkt*, der für die gleiche Würde und den gleichen Wert der Menschen über Grenzen, Nationen und Gemeinschaften hinweg eintritt. Zweitens handelt es sich um eine *metatheoretische Position*, die davon ausgeht, dass Kulturen in der gesamten Menschheitsgeschichte miteinander interagieren und voneinander lernen – ein Thema, das Anthony Appiah in seinen verschiedenen Werken sehr treffend behandelt hat.[12] Drittens hat der Kosmopolitismus eine *rechtliche Dimension*, denn er tritt dafür ein, dass jeder Mensch als Person behandelt werden sollte, die Anspruch auf bestimmte grundlegende und universelle Menschenrechte hat. Kosmopoliten sind der Ansicht, dass der Mensch als Mensch Anspruch auf diese Rechte hat, die seit dem Zweiten Weltkrieg zunehmend in den verschiedenen Menschenrechtsverträgen kodifiziert sind, und nicht deshalb, weil er Bürger einer begrenzten Gemeinschaft ist. Jede dieser Prämissen bedarf einer eigenständigen Klärung und Diskussion, die ich in anderen Kontexten vorgenommen habe.[13] Im vorliegenden Buch werde ich diese drei Aspekte des Kosmopolitismus als Grundpfeiler meiner Argumentation voraussetzen, aber in mancherlei Hinsicht eingehender behandeln und erweitern.

Vom Kosmopolitismus zum liberalen Nationalismus

Ihr Buch *Kosmopolitismus. Revision eines Ideals* beginnt Nussbaum mit einer meisterhaften Rekonstruktion der philosophischen Ethik des Kosmopolitismus sowohl bei den Stoikern als auch bei den Kynikern in der römischen und griechischen Tradition. Sie stellt fest: »An sich muss diese Vision keine Politik beinhalten: Es handelt sich um ein moralisches Ideal. Nach Ansicht zahlreicher Vertreter dieser Tradition begründet die Idee gleicher Menschenwürde jedoch eine Reihe charakteristischer Verpflichtungen für die internationale und nationale Politik. Die Idee der Achtung von allen Menschen war die Grundlage eines großen Teils der internationalen Menschenrechtsbewegung, und in vielen nationalen Rechts- und Verfassungstraditionen hat sie eine prägende Rolle gespielt.«[14]

Anschließend zeichnet Nussbaum die Entwicklung der kosmopolitischen Ideen von Cicero über Grotius bis zu Adam Smith nach und kommt zu dem Schluss, dass sich der kantiansche Kosmopolitismus nicht wesentlich von diesen anderen Positionen unterscheidet. Ihrer historischen Rekonstruktion der kosmopolitischen Ideale stimme ich durchaus zu. Anderer Meinung bin ich allerdings, was die Betonung des Stellenwerts der Nation und insbesondere ihre ablehnende Haltung gegenüber dem internationalen Recht angeht. In Nussbaums Position gibt es eine Entwicklung vom Kosmopolitismus zum Patriotismus und hin zu dem, was sie »materialistischen globalen politischen Liberalismus« nennt,[15] was aber eigentlich »liberaler Nationalismus« heißen müsste.

Nussbaum zufolge erodiert die nationale Souveränität in der heutigen Welt, ja sie wird »untergraben«,[16] und zwar nicht nur durch multinationale private Institutionen, sondern auch durch Nichtregierungsorganisationen und »zugunsten eines internationalen Bereichs, der den Menschen aller Nationen durch ihre eigenen politischen Entscheidungen und selbstgegebenen Gesetze nicht angemessen rechenschaftspflichtig ist«.[17] Für Nussbaum sind Nationen »Vermittlungsinstanzen menschlicher Autonomie und der Rechenschaftspflicht der Gesetzgebung gegenüber den Menschen«.[18]

Nussbaum unterscheidet nicht genau zwischen den internationalen Menschenrechten und dem humanitären Recht einerseits und Institutionen wie dem Internationalen Währungsfonds, der Weltbank und sogar der Europäischen Union andererseits, die in der Tat den Staaten ihre eigenen wirtschaftlichen Prioritäten auferlegen und sie oftmals dazu zwingen, öffentliche Ausgaben zu kürzen und eine Sparpolitik zu betreiben. Die Europäische Union verfügt jedoch über institutionelle Mechanismen, um die den Mitgliedstaaten auferlegten Verpflichtungen und politischen Maßnahmen zu erörtern und zu überarbeiten, auch wenn diese nicht immer nach dem Geschmack der Mitgliedstaaten sind. Im Zuge dessen, was gemeinhin als »Washington Consensus« bezeichnet wird, haben Internationaler Währungsfonds und Weltbank vielen lateinamerikanischen Ländern eine Austeritätspolitik aufgezwungen, ebenso wie die Europäische Union und der damalige deutsche Finanzminister Wolfgang Schäuble Griechenland eine solche Politik auferlegt haben. Wenn Nussbaum behaupten will, dass Menschenrechtskonventionen wie der Internationale Pakt über bürgerliche und politische Rechte (International Covenant on Civil and Political Rights) oder das Internationale Übereinkommen zur Beseitigung jeder Form von Rassendiskriminierung (International Convention on the Elimination of All Forms of Racial Discrimination) in ähnlicher Weise wie diese anderen Institutionen eine »untergrabende« Wirkung auf Nationen haben, bedürfte dies einer sorgfältigen Erläuterung und besserer Belege, die sie nicht liefert.

Nussbaum ist bemüht, Liberalismus und Nationalismus miteinander in Einklang zu bringen, und postuliert, dass Nationen zwar das Recht haben, sowohl ihre Sicherheit als auch ihre nationale politische Kultur zu verteidigen, dass sie aber »keiner Religion oder ethnischen Zugehörigkeit den Vorzug« geben sollten.[19] Menschen sollte die Einreise nicht »aus ethnischen oder religiösen Gründen« verweigert werden. Aber natürlich gerät dieses Postulat in Konflikt mit dem Wunsch der Nationen, »die Zahl der Einwanderer zur Wahrung der nationalen Homogenität (...) niedrig zu halten«, was Nussbaum ebenfalls für völlig legitim hält.[20] Wie kann Nussbaum nun die Quadratur des Kreises schaffen und diese beiden Prinzipien miteinander in

Einklang bringen: den Wunsch der Nationen, ihre nationalen Kulturen zu bewahren und dennoch keine Religion oder Ethnie übermäßig gegenüber anderen zu bevorzugen? Sind Nichtdiskriminierung in Fragen der Zuwanderung und uneingeschränkte nationale Souveränität miteinander zu vereinbaren? Geht es darum, die *Zahl* der Zuwanderer auszutarieren? Geht es darum, die *richtige Art* von Migranten ins Land zu lassen? Oder geht es darum, Gastarbeiterprogramme aufzulegen, statt Migranten und Geflüchteten ein langfristiges Bleiberecht zu gewähren?[21] Das sind ohne Zweifel schwierige Fragen, und die kosmopolitischen Migrationstheoretiker sind sich in ihren Antworten uneins.[22] David Millers Beschreibung dieses Projekts als einer Form des »liberalen Nationalismus« ist philosophisch konsistenter als Nussbaums Schwanken zwischen liberalen Prinzipien und nationalen Präferenzen.[23]

Nussbaum beklagt die »seit langem bestehende Schwäche und Unwirksamkeit der internationalen Menschenrechtsgesetze«[24] und behauptet, dass »die Rolle internationaler Abkommen (...) eher *die einer Willenserklärung und mehr moralischer als rechtlicher Natur* ist. (...) Das Völkerrecht ändert das nationale Recht nicht direkt – und sollte dies wohl auch nicht tun.«[25] Unter Verweis darauf, dass es Widersprüche zwischen ihrer früheren Verteidigung der globalen Menschenrechte von Frauen und dieser reichlich kursorischen Ablehnung der Rolle des internationalen Rechts bei der Verwirklichung der Art von globalem politischem Liberalismus, für die sie eintritt, geben könnte, schreibt sie: »Das CEDAW[26] hat nur wenig direkt erreicht. Außerdem ist es ein Dokument, das schwerwiegende Fehler enthält. Es geht auf einige der wichtigsten Themen nicht ein, wie zum Beispiel den Zugang zu künstlichen Methoden der Empfängnisverhütung und die Aufnahme der Hausarbeit von Frauen in volkswirtschaftliche Gesamtstatistiken.«[27] Das mag sein, aber die Arbeit an einem globalen politischen Liberalismus wird sicherlich *beides* erfordern, die Pflege transnationaler Frauenbewegungen genauso wie die Überarbeitung von Menschenrechtsdokumenten. CEDAW wurde von feministischen Aktivistinnen aus dem Globalen Süden dafür kritisiert, dass es den Karrierebestrebungen von Frauen aus dem Globalen Norden Vorrang einräumt, indem es sich auf Fragen der Antidiskriminierung am Arbeitsplatz und den Kampf gegen sexuelle Belästigung konzentriert, während soziale und wirtschaftliche Rechte wie die Gesundheit von Frauen, die Kinderbetreuung und weibliche Armut vernachlässigt werden. Nussbaum teilt diese Kritik und plädiert auch für die Aufwertung der Hausarbeit von Frauen in internationalen Dokumenten. Aber warum sollte man die Bedeutung der internationalen Menschenrechtsgesetzgebung abtun, wenn es darum geht, einer kosmopolitischeren Vorstellung von Menschenwürde über Grenzen hinweg eine Stimme zu geben und entsprechende Veränderungen zu erleichtern? Warum sollte man die internationale Ebene allein auf die Aufgabe der moralischen Überzeugungsarbeit reduzieren?

Damit scheint sich der Kreis zu schließen: Die historische Desillusionierung angesichts der Tragödien des Nationalismus nach zwei Weltkriegen, der Holocaust an den europäischen Juden und die in der außereuropäischen Welt begangenen Genozide führten nach 1945 zur Gründung der Vereinten Nationen und zur Allgemeinen Erklärung der Menschenrechte (1948). Damit haben kosmopolitische Ideale eine instititutionelle Form bekommen. In der heutigen Welt ist nicht nur eine wachsende Skepsis gegenüber dem Ideal des Kosmopolitismus zu beobachten, sondern auch die verbreitete Abkehr von dem kantianischen Ideal eines Zusammenschlusses von Nationen, die in der Achtung des Völkerrechts und des Weltbürgerrechts vereint sind.

Vom liberalen Nationalismus zum Kosmopolitismus

Wie können wir diese regressive Re-Idealisierung des Nationalstaates einerseits und andererseits die Ablehnung des »alten Humanismus«, wie Emily Apter es formuliert, überwinden?[28] Balibars oben zitierte Bemerkung, wonach die heutige Kosmopolitik »die Verwirklichung eines philosophischen Kosmopolitismus [nicht] präfiguriert«, aber auch nicht ausschließt, »ihn als Bezugspunkt zu nehmen«, ist ein interessanter Ausgangspunkt.[29] Balibar bezieht sich dabei sowohl auf die Tradition der antiken Ethik, aus der der Kosmopolitismus stammt, als auch auf ihr kantianisches Erbe.

Der Kosmopolitismus ist ein umstrittenes Erbe:[30] Ob man nun Sokrates als den ersten Kosmopoliten – vom griechischen *kosmopolitēs* (»Weltbürger«) – bezeichnet oder den Begriff dem Kyniker Diogenes, Marcus Tullius Cicero oder dem römischen Kaiser Mark Aurel vorbehält,[31] seinen Anfang nimmt der Kosmopolitismus mit einer Kritik der Polis und der *civitas* im Namen des Kosmos, einer geordneten Realität, deren Rationalität die vielen widersprüchlichen und oft ungerechten *nomoi* (Gesetze und Bräuche) der politischen Welt transzendiert. Diese Kritik kann die Form eines Rückzugs aus der aktiven Beteiligung an der Politik annehmen, wie es beim Kyniker Diogenes und beim Stoiker Cicero der Fall war, oder sie kann zur Entwicklung einer universalistischeren Ethik führen, deren wichtigste Maxime darin besteht, keinem Menschen Unrecht zuzufügen. Gerechte Handlungen beschränken sich nicht auf den Umgang mit anderen Menschen innerhalb des eigenen Stammes, der eigenen Stadt oder der eigenen Religion. Der griechische und römische Kosmopolitismus der Antike führte zu einem Universalismus, der schließlich im frühen Christentum seinen Ausdruck fand.[32]

Mit seiner Neuformulierung des Kosmopolitismus als

»Weltbürgerschaft« hob Kant die kosmopolitische Tradition auf eine neue Ebene: Der Kosmopolitismus war nicht mehr nur eine individuelle moralische oder kulturelle Gesinnung; er konnte zu einer Reform der Institutionen in einer sich verändernden neuen Welt führen.

Immanuel Kant beginnt seinen berühmten Text von 1795, *Zum ewigen Frieden. Ein philosophischer Entwurf*, den er am Ende der Revolutionskriege zwischen Frankreich und Preußen verfasste, mit einem bekannten Scherz. Kant schreibt: »Zum ewigen Frieden. Ob diese satirische Überschrift auf dem Schilde jenes holländischen Gastwirts, worauf ein Kirchhof gemalt war, die Menschen überhaupt, oder besonders die Staatsoberhäupter, die des Krieges nie satt werden können, oder wohl gar nur die Philosophen gelte, die jenen süßen Traum träumen, mag dahin gestellt sein.«[33] Ob es nun die Menschen oder die Staatsoberhäupter oder vielleicht sogar die Philosophen sind, die den süßen Traum vom »ewigen« oder immerwährenden Frieden träumen, sei egal, sagt Kant. Entscheidend ist, dass man »jenen süßen Traum« nicht im Leben, sondern erst im Tod genießen kann. Natürlich ist sich Kant, der Präliminar- und Definitivartikel zum Frieden zwischen Staaten vorschlägt, selbst der Ironie bewusst, die seinen philosophischen »Entwurf« begleitet. Dennoch lässt er sich nicht von dem Versuch abhalten, einen immerwährenden Frieden zwischen den Nationen möglich zu machen.

Der erste Definitivartikel des *Ewigen Friedens* lautet: »Die bürgerliche Verfassung in jedem Staate soll republikanisch sein.«[34] Der zweite Definitivartikel verlangt: »Das Völkerrecht soll auf einen *Föderalism* freier Staaten gegründet sein.«[35] Das Besondere an dieser Art von Föderalismus ist, dass es sich um einen »Friedensbund (*foedus pacificum*)« handelt. Dieser Bund würde sich von einem Friedensvertrag (*pactum pacis*) dadurch unterscheiden, »daß dieser bloß *einen* Krieg, jener aber *alle* Kriege auf immer zu endigen suchte«.[36] Ob es sich bei einem solchen Bund freier Staaten um einen Weltstaat oder eine Weltrepublik handelt und was unter Letzterer zu verstehen ist, wurde vielfältig diskutiert. Postkoloniale Kritiker weisen zudem darauf hin, dass es fraglich sei, ob Kant glaubte, dass alle Völker der Welt in der Lage wären, eine republikanische Verfassung zu bilden.[37] Unbeantwortet bleibt bei diesen Formulierungen auch die Frage, ob Imperien wie das Osmanische Reich zu Kants Zeiten als Teil eines solchen Friedensbundes gelten sollten. Mit anderen Worten: Setzt das völkerrechtliche Verbot von Kriegen einzig und allein *eine* bestimmte Staatsform voraus, und lässt sich diese Staatsform universalisieren? Müssen alle Staaten, die unter das Völkerrecht fallen, eine republikanische Staatsform haben? In Kapitel 2 werde ich die Doktrin des »liberalen Internationalismus«, deren Anfänge auf Kant zurückgehen, eingehender erörtern und zeigen, dass das zeitgenössische völkerrrechtliche Verbot von Krieg, das nur zum Zweck legitimer Selbstverteidigung im Falle eines vorangegangenen Angriffs eine Ausnahme zulässt, auf alle Staatsformen ausgedehnt wird.

Es ist der dritte Definitivartikel des *Ewigen Friedens*, der die schwierigsten Fragen bezüglich des kantianischen Kosmopolitismus und des Imperialismus der europäischen Mächte des 18. Jahrhunderts aufwirft. Dieser Artikel ist auch der einzige, in dem Kant ausdrücklich von einem »Weltbürgerrecht« spricht. »Das *Weltbürgerrecht* soll auf Bedingungen der allgemeinen *Hospitalität* eingeschränkt sein«, schreibt er.[38] Kant betont, dass es sich dabei nicht um Philanthropie, sondern um Recht handelt, »und da bedeutet *Hospitalität* (Wirtbarkeit) das Recht eines Fremdlings, seiner Ankunft auf dem Boden eines andern wegen, von diesem nicht feindselig behandelt zu werden. Dieser kann ihn abweisen, wenn es ohne seinen Untergang geschehen kann (…)«.[39] Dieser Artikel gilt für Personen insofern, als sie als Weltbürger betrachtet werden, die einander an den

Grenzen ihrer Staaten und in einer globalen Sphäre von Handel und Gewerbe, Wissenschaft und Forschung und, was eher problematisch ist, religiöser Evangelisierung begegnen und miteinander interagieren. Kant ist sich darüber im Klaren, dass das »Weltbürgerrecht« ein Bereich ist, der sich sowohl vom Staatsrecht als auch vom Völkerrecht unterscheidet.[40] Was aber ist es dann? Und da es keinen Weltstaat gibt, kann das Weltbürgerrecht wirklich eine Quelle von Recht und Gesetz sein, wie die Mehrdeutigkeit des deutschen Begriffs »Recht«, der im Englischen sowohl *right* (im Sinne von Anrecht) als auch *law* (im Sinne von kodifiziertem Recht) bedeuten kann, nahelegt?

Darüber hinaus können wir in diesem Artikel zwar eine frühe Formulierung eines »Asylrechts« erkennen, aber Kant ist sich darüber im Klaren, dass es sich bei diesem Recht um ein reines Gastrecht handelt und nicht um ein Aufenthaltsrecht, für das man einen »wohltätigen Vertrag« braucht, den auch der Gastgeber akzeptiert. Aber er besteht darauf, dass »vermöge des Rechts des gemeinschaftlichen Besitzes der Oberfläche der Erde« jeder Mensch sich dem Land eines anderen nähern und »Zugang« begehren kann, jedoch kein Recht auf »Eingang« hat.

In den letzten Jahrzehnten wurde so ziemlich jeder Aspekt des kantianischen Erbes kritisiert: Zunächst wurde die *dualistische ontologische Hierarchie* der normativen Philosophie Kants abgelehnt: Vernunft versus Körper; Wille versus Willkür; *nomoi* (Recht und Sitte) versus *physis* (Natur) usw. In der Entwicklung des westlichen Denkens haben diese Hierarchien den vernunftbegabten Menschen als solchen definiert und auch dazu geführt, dass die nichtmännlichen, nichteuropäischen, nichtweißen und nichtchristlichen Anderen, denen man durch Kolonialismus, Imperialismus und westliche Herrschaft begegnete, als weniger als menschlich charakterisiert wurden.[41] Die kosmopolitische Tradition, die historisch gesehen eine Kritik an der Praxis der Sklaverei in den griechischen Stadtstaaten war, produzierte, als sie im Zeitalter der Imperien und der Kolonialisierung mit den nichteuropäischen und nichtchristlichen Anderen konfrontiert war, Zweideutigkeiten und Verwirrungen.[42]

Kritiker haben ferner eingewandt, dass Kant die republikanische Verfassung nicht wirklich auf die europäischen Kolonien ausgedehnt habe. Seine Kritik am europäischen Imperialismus war recht zweideutig: Er erlaubte »Zugang« zu fremden Territorien, aber nicht »Eingang«. Der Zugang sollte jedoch ausreichen, um die Art von Handelskolonien zu errichten, die westliche Imperien wie das britische und das niederländische insbesondere in China und Japan etablieren wollten. James Tully kritisiert zudem Kants Idee der Hospitalität, wie sie im dritten Definitivartikel des *Ewigen Friedens* verteidigt wird. Er sieht darin nicht nur einen kaum verhüllten Versuch der imperialistischen Beherrschung anderer Länder und Kulturen durch die Errichtung von Handelskolonien, sondern auch einen Vorwand für christliche Missionierung und Bekehrungen zum Christentum. Tully schreibt: »Kant kombinierte zwei sehr mächtige imperiale Geschichten: ein vermeintlich universelles und eurozentrisches Narrativ der historischen Entwicklung oder Modernisierung und eine vermeintlich universelle Theorie globaler Gerechtigkeit.«[43]

Sicherlich können wir heute die Geschichte der globalen Moderne nicht allein als die Entstehung der westlichen Moderne schreiben. Wir müssen die Neuordnung der Welt berücksichtigen, die die Eroberung Amerikas, das Bestreben, Japan und China für den westlichen Handel zu öffnen, und der »Wettlauf um Afrika« für das kosmopolitische Projekt bedeutet haben. Kants Ansichten zum Imperialismus werden jedoch oft missverstanden: Er kritisiert ausdrücklich den europäischen Imperialismus auf den »Zuckerinseln« (Kuba und die karibischen Inseln) und prangert die Versuche an, Japan und China gewaltsam für den europäischen Handel zu öffnen.[44] Auch in seinem Denken über »Rassen« gibt es eine Entwicklung vom Glauben an die Unveränderlichkeit der »Menschenrassen« und die Unterteilung der Menschen in Kategorien[45] hin zu einer universalistischeren Haltung im *Ewigen Frieden* und in seiner späteren *Metaphysik der Sitten*, wo er die Ausbeutung und Beherrschung nichteuropäischer Völker kritisiert.[46] Angesichts dieses verworrenen Erbes des Kosmopolitismus in der Begegnung mit Europas Anderen argumentieren die Verfechter der Kosmopolitik, dass das kantianische Vermächtnis rundweg abgelehnt und eine andere philosophische Grundlage geschaffen werden müsse.

Das kosmopolitische Projekt verknäuelt sich so mit den Krisen philosophischer Letztbegründung und der Ablehnung der dualistischen Ontologie des Menschen. Aber wir dürfen nicht *Genese* und *Gültigkeit* verwechseln und uns damit begnügen, das zu praktizieren, was Paul Ricœur mit einer brillanten Formulierung eine »Hermeneutik des Misstrauens« genannt hat.[47] Was das kosmopolitische Projekt als Streben nach einer kritischen Utopie, ob nun in ihrer kantianischen Version des »ewigen Friedens« oder in ihrer stärker pluralistischen Form als »Kosmopolitik«, nicht nur unmöglich, sondern auch inkohärent machen würde, wäre der Verzicht auf eine Rechtfertigung seiner normativen Prämissen. Das ist mit Sicherheit nicht Balibars Absicht: Seine Arbeit über »Gleichfreiheit« ist eine normative Verteidigung der Ideale von Gleichheit und Freiheit durch *ihre performative Artikulation*.[48]

Lassen Sie mich abschließend kurz Prinzipien einer kommunikativen Ethik bzw. Diskursethik formulieren, die Rechtfertigung ohne Letztbegründung verteidigt. Die kommunikative Ethik eignet sich vor allem aus einem Grund besonders gut als normativer Standpunkt für eine kosmopolitische Perspektive: Sie ist nicht nur eine universalistische Ethik, wie sie auch in weiten Teilen der kosmopolitischen

Tradition vertreten wird, sondern auch eine Ethik, die sich auf die Dimension der zwischenmenschlichen Beziehungen konzentriert, die nicht allein durch den Staat umschrieben werden kann. Meiner Interpretation zufolge fokussiert sich die kommunikative Ethik auf gemeinschaftliche und zwischenmenschliche Beziehungen, die vermitteln zwischen verallgemeinerbaren, für alle menschlichen Beziehungen geltenden Normen und enger gefassten ethischen Verpflichtungen, die sich aus den besonderen Beziehungen ergeben, in welchen die Menschen zueinander stehen. Ich möchte diese Position weiter ausführen.

Von Begründungen zu Rechtfertigungen

In verschiedenen Arbeiten habe ich in der Vergangenheit einen »Kosmopolitismus ohne Illusionen« skizziert, der zwar Strategien der *Letztbegründung* ablehnt, nicht aber die Suche nach *Rechtfertigungen* durch Begründungen in dialogischen Verfahren der kommunikativen Ethik.[49] Kurz gesagt: Wir brauchen *Prinzipien* und *Ideale*, um einen kritischen Kosmopolitismus zu stützen. Wenn sich der Kosmopolitismus nicht mehr auf die griechische Vorstellung eines Kosmos als rational geordneter Realität berufen kann, wenn die Dualismen und ontologischen Hierarchien der kantianischen Moralphilosophie verworfen wurden, wie lässt sich dann das kosmopolitische Projekt ohne normative Prämisse weiterführen? Wie ich in diesem Kapitel gezeigt habe, lautet die erste Prämisse des Kosmopolitismus, dass jeder Mensch eine Person von gleichem moralischen Wert und gleicher Würde ist. Kommunikative Ethik beruht nicht auf ontologischen Hierarchien.[50] Vom Standpunkt einer kommunikativen Ethik ist jedes kommunikationsfähige Wesen eines, dem ich eine Rechtfertigung anbieten muss, wenn unsere Handlungen und Interaktionen durch Regeln in einer Welt gemeinsamer Weltpraktiken und Institutionen begrenzt werden sollen.[51] Ich möchte an dieser Stelle die schwierige philosophische Frage aufwerfen, ob diese Betonung der Kommunikation nicht selbst insofern eine Form des *sprachlichen Rationalismus* ist, als sie diejenigen, die nicht sprechen oder sich artikulieren können, aus dem Kreis derjenigen ausschließt, denen wir moralische Rechtfertigungen schulden. Obwohl einige diese Kritik an der kommunikativen Ethik geäußert haben, ist dieser entgegenzuhalten, dass sich die Kommunikation nicht allein auf die Sprache beschränken muss.[52] Dagegen kann argumentiert werden, dass der Körper und die materielle Verkörperung im Allgemeinen – einschließlich der von Tieren und Pflanzen – Chiffren der Kommunikation sind. Ich vertrete eine »verkörperte Rationalität«, der zufolge jeder Mensch ein konkreter Anderer mit einer individuellen Affektivität, Erinnerung und körperlichen Präsenz ist.[53] In Kapitel 3 werde ich darlegen, wie eine solche verkörperte Rationalität von den Erkenntnissen ökologischer und planetarischer Denker, die sich auf die Erde – das Terrestrische – als Quelle allen Lebens konzentrieren, mitgedacht werden kann.

In der Pragmatik der Kommunikation sind sowohl Mimik und Gestik als auch verbale Intonation und Körperbewegungen Aspekte der Kommunikation. In diesem Sinne bedeutet das gegenseitige Anbieten von Gründen nicht, sich allein auf rationalistische Akte der Bestätigung einzulassen; das Anbieten von Gründen ist der Versuch, zu einer wechselseitigen Verständigung zu gelangen. Der erste Schritt in solchen Verständigungsprozessen ist die Fähigkeit, den Standpunkt des anderen zu berücksichtigen, indem wir unsere Vorstellungskraft in Raum und Zeit erweitern. Im nächsten Kapitel wird argumentiert, dass wir über die Hermeneutik des Misstrauens hinausgehen und zu einem umfassenderen Universalismus gelangen müssen, wie er in der Diskursethik entwickelt wurde. Inspiriert von

Hannah Arendts Kant-Lektüre verlangt die kommunikative Ethik zwingend einen *interaktiven Universalismus*, der aus dem realen Dialog und der Begegnung mit dem/den Anderen entsteht.

Ein solcher interaktiver Universalismus ist für das kosmopolitische Projekt deshalb besonders wichtig, weil wir versuchen, angesichts zweier aktueller Herausforderungen einen neuen Sinn für das gemeinsame Menschsein zu entwickeln: erstens die menschliche Person so zu denken, indem wir die Perspektive all jener anderen berücksichtigen, die eher Opfer als Akteure der modernisierenden Imperialismen und Kolonialismen waren; und zweitens die Menschheit im planetarischen Zeitalter als eine Form des irdischen Lebens auf dieser Erde zu denken, die durch sehr kontingente und fragile Bedingungen ermöglicht wird.

Die heutige Kritik am kantianischen Kosmopolitismus führt uns vor Augen, wie schwierig Kommunikationsprozesse in einer Welt geworden sind, in der Macht- und Herrschaftsverhältnisse sowie enorme Ungleichheiten zwischen Individuen, Nationen und Gruppen vorherrschen. Dennoch dürfen wir das Projekt der wechselseitigen Verständigung nicht aufgeben in einem Kosmos, der in einem Maße geschrumpft und zusammengewachsen ist, wie sich das kein Denker des 18. Jahrhunderts auch nur im Entferntesten hätte vorstellen können. Aspekte der kantianischen Prinzipien eines »ewigen Friedens« sind mit der Gründung der Vereinten Nationen (1945) und der Allgemeinen Erklärung der Menschenrechte (1948) in weltweiten Institutionen verankert worden. All dies kann nicht einfach in den Mülleimer der Geschichte geworfen werden, wie es viele Populisten der Rechten und der Linken heute am liebsten tun würden.

Es hat bedeutsame Entwicklungen gegeben, die das Völkerrecht weg von einer eurozentrischen und staatsorientierten Perspektive hin zu einer stärker kosmopolitischen

Dimension verschoben haben, ganz im Sinne der von Kant angedachten Unterscheidung zwischen Völkerrecht und Weltbürgerrecht. Diese Beiträge können die Basis für einen anderen Kosmopolitismus in unserer Zeit bilden.

Kapitel 2

Von der Hermeneutik des Misstrauens zur Rekonstruktion des Weltbürgerrechts

Im ersten Kapitel wurden die zeitgenössischen Debatten über den Kosmopolitismus analysiert und die Ursachen der Desillusionierung über das kosmopolitische Projekt erörtert. Diese Desillusionierung gründet in politischen und historischen Entwicklungen, die das Auseinanderbrechen der internationalen Nachkriegsordnung signalisieren. Die zahlreichen Krisen der Europäischen Union, der Brexit, der Aufstieg von Autokratien und Autoritarismen, die Tatsache, dass Parteien mit faschistischer Ausrichtung oder mit Sympathien für den Nationalsozialismus wieder an die Macht kommen – all das sind Entwicklungen, die den Glauben an die universellen Menschenrechte und das Ideal des Friedens zwischen den Nationen, der durch eine regelbasierte internationale Ordnung erreicht werden soll, erschüttert haben. Angesichts dieser weltpolitischen Veränderungen den Kosmopolitismus zu verteidigen mag dem sprichwörtlichen Vogel Strauß gleichen, der den Kopf in den Sand steckt. Aber die Frage ist: Welche Alternativen gibt es? Wie lässt sich die Aufgabe der Rekonstruktion anstelle der Hermeneutik des Misstrauens angehen?

Dieses Kapitel beginnt mit der Diskussion eines Aufsatzes von Sylvia Wynter, der nicht nur eine postkoloniale Kritik an den Idealen des »alten Humanismus« darstellt, wie Emily Apter sie genannt hat,[1] sondern auch auf eine

Neukonzeption des Projekts der Moderne in Richtung einer weniger eurozentrischen und globaleren Vision drängt. Daran anschließend wird die Arbeit einer Gruppe von Wissenschaftlern diskutiert, die ihre Beiträge *Third World Approaches to International Law* (abgekürzt TWAIL) nennen. Meine These ist, dass es bedeutende Entwicklungen gegeben hat, die das Völkerrecht von einer eurozentrischen und staatsorientierten Perspektive hin zu einer stärker kosmopolitischen Dimension verschoben haben, und zwar durchaus im Sinne der von Kant angedachten Unterscheidung zwischen Völkerrecht und Weltbürgerrecht. Diese Entwicklungen ermöglichen es uns, eine kosmopolitische Perspektive zu entwerfen, die sich von der simplen Gleichsetzung mit der neoliberalen Globalisierung lösen muss. Wie können wir den Globus als Erde und als Planeten jenseits der Verwüstungen durch den neoliberalen Finanzkapitalismus teilen?

Die postkoloniale Kritik des alten Humanismus

Sylvia Wynter ist eine jamaikanische Schriftstellerin, Dramatikerin, Kritikerin, Philosophin und Essayistin, deren Werk lateinamerikanische, karibische und spanische Geschichte und Literatur miteinander verbindet. Sie ist eine äußerst wortgewandte Vertreterin eines »anderen Kosmopolitismus«.[2] In ihrem Essay *Unsettling the Coloniality of Being/Power/Truth/Freedom: Towards the Human, After Man. Its Overrepresentation – An Argument* liefert Wynter eine alternative Genealogie der Moderne, die sie wie folgt zusammenfasst: »Einer der wichtigsten empirischen Effekte (…) wären der ›Aufstieg Europas‹ und seine Konstruktion der ›Weltzivilisation‹ einerseits und die Versklavung Afrikas, die Eroberung Lateinamerikas und die Unterwerfung Asiens andererseits.«[3] In Anlehnung an die Arbeiten afro-karibischer

Intellektueller wie Aimé Césaire (1913–2008) und Frantz Fanon (1925–1961) verortet Wynter die Entwicklung des Ideals des Mannes (*man*) als hegemoniale Deutung des Menschen (*human*) im Kontext dieser Entwicklungen.[4]

Um die Kolonialität der vorherrschenden Auffassungen von Sein/Macht/Wahrheit/Freiheit zu erschüttern, muss man sich, so Wynter, »auf eine Neubeschreibung des Menschen außerhalb der Kategorien unserer gegenwärtigen deskriptiven Darstellung des Menschen, des Mannes, und seiner Überrepräsentation einlassen«.[5] Wynters Sprache ist dicht und zuweilen apokalyptisch; wir erfahren nie wirklich, was sie unter dem großgeschriebenen *Being* versteht und inwieweit sie sich hier auf Martin Heidegger bezieht; ebenso wenig erfahren wir, was Macht/Wahrheit/ Freiheit für sie bedeuten. Dennoch lässt sich aus ihrer alternativen Darstellung der Ursprünge der Moderne und der Kritik des *Man* im Namen einer neuen menschlichen Subjektivität viel lernen.

An einer entscheidenden Stelle des Textes erörtert Wynter die berühmte Debatte im 16. Jahrhundert zwischen Bartolomé de las Casas und Juan Ginés de Sepúlveda darüber, ob die von den Spaniern während der Invasion Mittel- und Südamerikas eroberten indigenen Bewohner eine Seele haben oder ob sie versklavt, ausgerottet oder bekehrt werden sollten.[6] Der spanische König Ferdinand berief ganze Gremien aus Juristen und Theologen, um eine Formel zu finden, die die spanische Eroberung rechtfertigen konnte. Angesichts der Praxis der Menschenopfer bei den Azteken begründete Sepúlveda die Verwüstung und Beherrschung der Azteken durch die Truppen der spanischen Krone damit, dass es ihnen an Vernunft fehle und sie daher die Wahrheiten des Christentums nicht erkennen könnten. Bartolomé de las Casas hingegen war der Ansicht, sie besäßen durchaus Vernunft, irrten aber in »ihrem richtigen Gebrauch«.[7] Der richtige Prediger würde den »Eingeborenen« den richtigen

Gebrauch der Vernunft beibringen, sodass sie Christus anerkennen und so ihre Seele retten würden.

Erlauben Sie mir an dieser Stelle eine persönliche Bemerkung, die zeigt, wie eng die Geschichten des ›wir‹ und ›der Anderen‹ immer miteinander verflochten sind. Die sephardischen Juden aus der Türkei, zu denen ich gehöre, wurden in Spanien im 15. Jahrhundert unter der Doktrin der *limpieza de sangre*, der »Blutreinheit«, verfolgt. Sie wurden nicht nur ab 1492 aus dem katholischen Königreich Spanien vertrieben, sondern auch diejenigen, die dort blieben und zum Christentum konvertierten, wurden jahrzehntelang als Kryptojuden, das heißt als Marranos, ausgegrenzt und verfolgt. Während die vielen Nationen und Völker Amerikas, Asiens, Afrikas und der karibischen Inseln zum »konstitutiven Außen« des europäischen Idealbilds vom Menschen wurden, waren die Juden das »konstitutive Innen« des christlichen Europas, dessen Schicksal ebenfalls in die Konstruktion des Idealmenschen als ein negatives Menschenbild verwoben war. Ihre Treue zu ihrem eigenen Gott und ihre Weigerung, sich zu den Wahrheiten des Christentums zu bekehren, wurden oft als Zeichen von Irrationalität und Illoyalität gegenüber den politischen Autoritäten ihres Gastlandes angesehen.

Wenngleich Wynter in ihrer Rekonstruktion der berühmten Episode zwischen Las Casas und Sepúlveda diesen anderen Aspekt der Entstehung der Hegemonie des spanischen Königsreiches vernachlässigt, ist ihr Schluss sicherlich korrekt: »[Der] projizierte ›Raum der Andersheit‹ sollte nun auf phänotypischen und religiös-kulturellen Unterschieden zwischen menschlichen Varianten und/oder Bevölkerungsgruppen abgebildet werden, während die neue Idee der Ordnung in Form von Graden rationaler Vollkommenheit/Unvollkommenheit definiert werden sollte, die angeblich durch das von Sepúlveda als ›Naturgesetz‹ verwendete griechisch-christliche kulturelle Konstrukt vorgegeben waren.«[8]

Wir werden in dieser Episode Zeuge der Verflechtung des klassischen griechischen Denkens mit der christlichen Theologie im Dienste der Konstruktion des Menschen als vernunftbegabtem Wesen – *zoon logon echon*, später dann *animal rationale*. Das Denken des heidnischen Griechenland und Roms wird benutzt, um den Aufstieg des modernen Staates zur Hegemonie und seine Zerstörung und Beherrschung anderer Kulturen zu legitimieren. Das bedeutet natürlich, dass auch das Ideal einer rationalen, durch das Naturrecht geeinten Menschheit aufs Engste mit der Entstehung des westlichen Kolonialismus, Kapitalismus und Imperialismus verwoben war.

Walter Migñolo sieht die Entstehung des Ideals vom rationalen Menschen vor dem Hintergrund des historischen Übergangs von der Kolonisierung Amerikas im 15. und 16. Jahrhundert zum europäischen Imperialismus im 18. Jahrhundert und liest Kants Geographie in diesem Kontext. Der lateinamerikanische Humanist und Philosoph Migñolo, der seinen Ansatz nicht als postkolonial, sondern als »dekolonial« bezeichnet, stellt wie Wynter fest, dass »seit der europäischen Renaissance und insbesondere während und nach der Aufklärung die Menschheit aufgeteilt war in *humanitas* (die das Wissen beherrscht) und *anthropos* (Heiden, Ungläubige, Indianer, Orientalen, Afrikaner, Frauen usw.), die nicht ganz auf der Ebene der *humanitas* standen und deren Wissen daher nicht ›nachhaltig‹ war«.[9] Im Gegensatz zum dekolonialen Denken, das »hegemoniale Formen des Wissens und der disziplinären Welterzeugung« dekonstruiert, wird Kants Philosophie als »unter der Hybris des Nullpunkts« operierend beschrieben, das heißt, sie betrachtet ihren eigenen Standpunkt als unangefochtenen Ort der Reflexion.[10] Hier unterschätzt Migñolo die Kraft von Kants Kritik der reinen Vernunft und das Maß an Reflexivität, das Kant durch seine Kritik der theoretischen und praktischen Vernunft in die menschliche Ideengeschichte im Allgemeinen eingeführt hat. Selbst wenn Kants historischer und kultureller Horizont eng war – und bei wem ist das nicht so? –, bedeutet die Beschreibung der kantianischen Erkenntnistheorie als »Hybris des Nullpunkts«, dass man Kants profunde Überlegungen über die Grenzen der menschlichen Vernunft in der Begegnung mit der modernen Naturwissenschaft einerseits und der Theologie andererseits außer Acht lässt. Postkoloniales und dekoloniales Denken bewegen sich mitunter auf einem schmalen Grat zwischen legitimer und unzulässiger Kritik.

Kommunikative Ethik und interaktiver Universalismus

Wir dürfen nicht an dieser Stelle stehen bleiben. Wir müssen über die Hermeneutik des Misstrauens hinausgehen, hin zu einem umfassenderen Universalismus, wie er in der kommunikativen Ethik entwickelt wurde. Die kommunikative Ethik schreibt einen interaktiven Universalismus vor, der aus dem Dialog und der Begegnung mit dem/den Anderen entsteht. Solche dialogischen Praktiken sind umstritten, und es kann Momente geben, in denen die Kommunikation abbricht – ehe sie in einem anderen, günstigeren Moment wieder aufgenommen wird. Was jedoch einen interaktiven Universalismus von einer simplen Ablehnung des Standpunkts des Anderen unterscheidet, ist das Bekenntnis zu den Idealen der Gleichheit und der gegenseitigen Achtung.[11]

Hannah Arendts Kant-Lektüre in ihren Vorlesungen über Kants *Kritik der Urteilskraft* macht die Verbindung zwischen Kosmopolitismus und dem interaktiven Universalismus der kommunikativen Ethik auf sehr suggestive Weise deutlich.[12] Dies wird auch helfen, die kommunikative Ethik und die postkoloniale Begegnung zusammenzubringen. In seiner Theorie der Urteilskraft unterscheidet Kant zwischen reflektierenden und bestimmenden Urteilen. Während bei der bestimmenden Urteilskraft das Allgemeine, das heißt das Prinzip oder die Kriterien, nach denen das Besondere zu beurteilen ist, gegeben ist, muss man beim reflektierenden Urteil nach dem geeigneten Allgemeinen, das heißt dem Prinzip oder den Kriterien, suchen, nach denen das Besondere zu beurteilen ist.[13] Im Anschluss an Kant charakterisiert Arendt eine solche geistige Tätigkeit als »die erweiterte Denkungsart«. Mit Bezug auf die Suche nach dem angemessenen Prinzip des reflektierenden Urteils schreibt sie:

»In der *Kritik der Urteilskraft* nun fügt Kant unter den ›Maximen des gesunden Menschenverstandes‹ diesem Prinzip des Übereinstimmens mit sich selbst das Prinzip einer ›*erweiterten Denkungsart*‹ hinzu, das darin besteht, daß ich ›*an der Stelle jedes anderen denken*‹ kann. Zu der Einstimmigkeit mit sich selbst tritt also eine mögliche Einstimmigkeit mit anderen. Auf dieser erweiterten Denkungsart beruht die Urteilskraft, aus ihr schöpft das Urteilen seine eigentliche Kraft der Gültigkeit; und dies heißt negativ, daß es sich ›über die subjektiven Privatbedingungen‹ seiner selbst hinwegzusetzen vermag, und positiv, daß es ohne die Präsenz von anderen, an deren Stelle es ja gilt mitzudenken, nicht funktionieren, gar nicht zum Zug kommen kann. Was die Präsenz des Selbst für die formale Widerspruchslosigkeit der Logik und die nicht weniger formale Widerspruchslosigkeit der Gewissensethik ist, ist die Präsenz der anderen für das Urteilen. Ihm kommt daher eine gewisse konkrete Allgemeingültigkeit zu, aber niemals eine universale Gültigkeit überhaupt. Der Anspruch auf Geltung kann nie weiter reichen als die anderen, an deren Stelle mitgedacht wird.«[14]

Die »erweiterte Denkungsart« nimmt die Kommunikation mit dem Anderen vorweg, mit dem ich schließlich zu einer Art von Verständigung gelangen muss, die immer wieder revidiert, neu begonnen und neu überdacht werden kann. Für solche Dialoge gibt es keine Endgültigkeit. In diesem Prozess muss sich unsere Vorstellungskraft auf den Anderen zubewegen. In diesem einen Punkt müssen wir Arendts Umformulierung Kants korrigieren: Postkoloniale und dekoloniale Denker wie Sylvia Wynter und Walter Migñolo zeigen uns, dass es anmaßend wäre, *an der Stelle von Anderen zu denken*. Vielmehr muss die Berücksichtigung der Sichtweisen der Anderen eine echte Begegnung mit Anderen als Gesprächspartnern beinhalten, und zwar nicht nur im Rahmen eines Dialogs, sondern auch durch Projekte der Weltgestaltung und des Welt-Teilens durch gemeinsames Engagement in Praktiken und Institutionen. Wir müssen fragen: Was wären Prinzipien der Koexistenz in einer Welt, in der alternative Wege zur Moderne nebeneinander existieren? Wie kann ein interaktiver Universalismus nicht nur im Bereich der Moralphilosophie gedacht werden, sondern ganz konkret als eine Form des Institutionenaufbaus und des Welt-Teilens? Versuche zur Dekolonisierung des Völkerrechts hin zu einem integrativeren Kosmopolitismus können den Weg weisen.

Neue Ansätze zum Völkerrecht

In den letzten Jahren hat sich eine Gruppe von Wissenschaftlern, die ihre Beiträge als *Third World Approaches to International Law* (TWAIL) bezeichnen, für eine transnationale und postkoloniale Perspektive eingesetzt, die die Idee des Weltbürgerrechts in die richtige Richtung lenkt. Ausgehend von der bahnbrechenden Arbeit von Antony Anghie in *Imperialism, Sovereignty and the Making of International Law* haben uns TWAIL-Wissenschaftler auf Doktrinen, Praktiken und Urteile im Völkerrecht aufmerksam gemacht, die einst die Ungleichheit zwischen den Staaten zementierten und an den Ursprüngen des Systems des Völkerrechts und der internationalen Institutionen nach dem Zweiten Weltkrieg lagen. Anghie weist darauf hin, dass das Ende des Ersten Weltkriegs das Mandatssystem über ehemals koloniale Besitzungen hervorbrachte und die Kategorie der »abhängigen Souveränitäten« schuf. »Durch die Übernahme des Konzepts der Treuhänderschaft«, schreibt er, »rechtfertigte das Mandatssystem die Verwaltung der kolonisierten Völker, indem es sie als von der Sorge um die Interessen der einheimischen Bevölkerung und dem Wunsch nach Förderung der Selbstverwaltung geleitet darstellte und nicht von den egoistischen Wünschen der Kolonialmacht bestimmt.«[15] Doch auch nach der Entkolonialisierung Ende der 1960er Jahre, als die ehemaligen Kolonien ihre Unabhängigkeit erlangten, kam es zu heftigen Kontroversen über die Doktrin der Ständigen Souveränität über die natürlichen Ressourcen (*Permanent Sovereignty over Natural Resources*, PSNR), die es diesen Ländern ermöglicht hätte, ihre eigenen Interessen zu verfolgen, ohne der Macht westlicher multinationaler Konzerne zu unterliegen, die den Hunger der korrupten und autokratischen Herrscher in diesen Ländern nach billigen Krediten subventionieren und fördern würden. Es wurden Pläne für eine Neue Weltwirtschaftsordnung (NWWO) entwickelt, um die Auswirkungen des Kolonialismus rückgängig zu machen.[16]

Nach der Entkolonialisierung wurden Kategorien kultureller Unterschiede in wirtschaftliche Unterschiede umgewandelt, etwa zwischen den entwickelten, den unterentwickelten und den Entwicklungsländern. Solche Unterscheidungen wurden zentral für die Funktionsweise der Breton-Woods-Institutionen, die nochmals neuere Techniken zur Aufrechterhaltung von Ungleichheits- und Hierarchieverhältnissen formulierten, welche erstmals im Zuge der kolonialen Begegnung vom 15. bis zum 19. Jahrhundert entstanden waren. Nach Betrachtung dieser Entwicklungen kommt Anghie zu einer provokanten Schlussfolgerung: »Das Völkerrecht«, schreibt er, »befindet sich in einem permanenten Ausnahmezustand; das konnte über die Jahrhunderte gar nicht anders sein, da das Völkerrecht unaufhörlich nach Universalität strebte und die verschiedenen Gesellschaften und Völker, auf die es traf, ausdehnte, konfrontierte, integrierte und unterdrückte.«[17] Anghie schließt daraus nicht, dass normative Projekte wie ein interaktiver Universalismus, der auf den ethischen Prinzipien der Kommunikation und des Welt-Teilens zwischen den Kolonisierten und ihren ehemaligen Kolonisatoren beruht, unmöglich sind. Vielmehr könne das Völkerrecht so umgestaltet werden, dass die Marginalisierten gestärkt werden. »Mithilfe des Vokabulars des Völkerrechts, der Konzepte der ›Selbstverteidigung‹, der ›Menschenrechte‹ und der ›humanitären Intervention‹ werden Fragen der Verursachung, der Verantwortung und des Verschuldens diskutiert und analysiert, und die Interpretationen dieser Doktrinen, die imperiale Beziehungen reproduzieren, müssen infrage gestellt werden.«[18] So wurden zwar die Pläne für eine Neue Weltwirtschaftsordnung, die die Auswirkungen des Kolonialismus rückgängig machen sollten,[19] von den USA rundheraus abgelehnt, doch die Prinzipien der NWWO wurden trotzdem 1974 von den Vereinten Nationen in einer »Erklärung über die Errichtung einer neuen internationalen Wirtschaftsordnung« verabschiedet. Mit anderen Worten: Es gab zeitweise sehr wohl Bemühungen, eine Weltwirtschaftsordnung zu schaffen, die auf souveräner Gleichheit, Interdependenz, wirtschaftlicher Gegenseitigkeit und Zusammenarbeit zwischen den Nationen beruhen sollte,[20] doch in den letzten Jahrzehnten hat der neoliberale Finanzkapitalismus die Oberhand gewonnen und diese Pläne in der fernen Vergangenheit begraben. Anghie sieht im internationalen Recht Ressourcen, um den zersetzendsten Folgen der Ausbreitung der neoliberalen globalen Finanzialisierung entgegenzuwirken.

E. Tendayi Achiume, die von 2017 bis 2022 Sonderberichterstatterin der Vereinten Nationen für aktuelle Formen des Rassismus war, unternimmt den Versuch, das Völkerrecht so neu zu konstruieren, dass es den Interessen der Gerechtigkeit für ehemalige Kolonialsubjekte dient. Achiume nimmt dabei insbesondere das Konzept der »exklusiven Souveränität« ins Visier, die vorherrschende hegemoniale Vorstellung der westlichen und nördlichen liberalen Demokratien, die es ihnen erlaubt, Migranten und Asylsuchende von ihren Gestaden auszuschließen. Wenn wir über Migration und die so genannte »Flüchtlingskrise« von heute nachdenken, sollten wir uns daran erinnern, dass zwischen 1880 und 1930 rund 40 Millionen Menschen aus Europa in Länder eingewandert sind, die im Rest der Welt als *terra nullius* (leeres Land) galten. In dieser Zeit wurden zwischen 12 und 37 Millionen Menschen zwangsweise als Schuldknechte und Sklaven in diese Länder gebracht.

In Anbetracht dieses historischen Erbes wendet sich Achiume den heutigen Migrationsströmen zu und besteht wie Anghie darauf, dass wir für die Dekolonialisierung des Völkerrechts einige Unterscheidungen dekonstruieren müssen, die noch immer von ihren historischen Ursprüngen geprägt sind. Die Universalisierung der Genfer Flüchtlingskonvention von 1951[21] und die Tatsache, dass 162 Staaten dieser Konvention beigetreten sind, ändert nichts an einigen wichtigen Tatsachen: Erstens sind es nach wie vor Entwicklungsländer und Länder im globalen Süden, die heute die größte Zahl von Binnenvertriebenen, einschließlich Flüchtlingen und Asylbewerbern, aufnehmen: Die Türkei, die Islamische Republik Iran, Kolumbien und Pakistan sind die größten Aufnahmeländer für Flüchtlinge, und in Europa kommt lediglich Deutschland an diese Zahlen heran.[22] Zweitens privilegiert die Konvention von 1951 politische Flüchtlinge und schafft eine Art Exzeptionalismus, der sich auf die Unterscheidung zwischen dem politisch verfolgten Flüchtling und dem Wirtschaftsmigranten konzentriert. Angesichts der langen Geschichte des europäischen Imperialismus in Afrika, Südamerika und dem Rest der Welt ist diese Unterscheidung zwischen dem unehrenhaften Wirtschaftsmigranten und dem ehrenwerten politischen Flüchtling heuchlerisch und unhaltbar. Achiume vertritt daher die Ansicht, dass die Bewegungsfreiheit eine »dekoloniale Bewegung« ist und als ein Aspekt der globalen Umverteilungsgerechtigkeit gesehen werden muss.[23] Sie fordert eine Neukonzeptualisierung von Souveränität, die ehemalige Kolonialmächte dazu verpflichtet, ihre ehemals kolonisierten Untertanen im Rahmen eines Konzepts der »Co-Souveränität« aufzunehmen.

Die Mängel der kategorialen Rahmen der Flüchtlingskonvention von 1951, die »die begründete Furcht [einer Person] vor Verfolgung wegen ihrer Rasse, Religion, Nationalität, Zugehörigkeit zu einer bestimmten sozialen Gruppe oder wegen ihrer politischen Überzeugung« privilegiert und diese Gründe scharf von wirtschaftlicher Armut, Ausbeutung und Marginalisierung abgrenzt, wurden vielfach kritisiert.[24] Diese Unterscheidungen sind sowohl begrifflich als auch soziologisch schwer aufrechtzuerhalten, und doch beruht das gesamte Konstrukt des Flüchtlingsschutzes nach dem Zweiten Weltkrieg auf ihnen. Achiume hat sicherlich recht, wenn sie fordert, das internationale Flüchtlingsschutzrecht aus der Perspektive der globalen Umverteilungsgerechtigkeit zu überdenken, aber anstatt die Unterscheidung zwischen Migranten und Flüchtlingen aufzuheben, zielen die heutigen staatlichen Praktiken darauf ab, die völkerrechtlichen Verpflichtungen durch Praktiken der Deterritorialisierung und des »non-entrée« zu umgehen.[25] Ich werde in diesem Kapitel nicht weiter auf die Einzelheiten der gegenwärtigen Flüchtlingskrise und des staatlichen

Verhaltens eingehen. Vielmehr möchte ich zeigen, dass TWAIL-Wissenschaftler sich kreativ mit dem Völkerrecht auseinandersetzen, um die Vorstellungen von Souveränität über Ressourcen sowie über Grenzen und Territorium zu hinterfragen, zu revidieren und zu erweitern. Ihre Arbeit deckt die Hinterlassenschaften von Kolonialismus und Imperialismus auf, die einigen der Schlüsselkategorien des Völkerrechts zugrunde liegen, und zeigt gleichzeitig Wege auf, wie diese neu gedacht werden können.[26] Welche Implikationen hat ihre Arbeit für das normative politische Denken und für den Kosmopolitismus in unserer Zeit?

Liberaler Nationalismus, liberaler Internationalismus, neoliberaler Globalismus und Kosmopolitismus

Im Folgenden möchte ich vier *Idealtypen* des normativen Denkens über makropolitische und wirtschaftliche Institutionen rekonstruieren und danach fragen, was die TWAIL-Kritik dieser Perspektive hinzufügt.

Liberaler Nationalismus steht für die Ansicht, dass ohne gut geschützte Grenzen eine demokratische Selbstregierung unmöglich ist. Es muss eine Art zentrale Instanz geben, die die Verantwortung für den Schutz der natürlichen und materiellen Güter eines Landes übernimmt und die Kontinuität seiner öffentlichen Kultur und seiner demokratischen Werte gewährleistet. Einwanderung und transnationale Bewegungen über Grenzen hinweg sind erlaubt, aber ihre quantitative und qualitative Regulierung bleibt ein souveränes Privileg. Länder können mehr oder weniger Flüchtlinge aufnehmen und die Ansprüche von Asylbewerbern anerkennen; sie haben das Recht, den Zugang zu ihren Arbeitsmärkten zu regeln und bestimmte Fremde abzuweisen. Darüber hinaus werden die Rechte von Fremden, die in solche Gesellschaften aufgenommen werden, durch die souveränen Entscheidungen der Gesetzgeber definiert. Zwar halten es liberale Nationalisten für wünschenswert, dass ihre Legislativen im Einklang mit dem Völkerrecht handeln, doch in erster Linie zählen »unser« Recht, »unsere« Präzedenzfälle und »unsere« Werte. Die liberal-nationalistische Position hat eine beachtliche Anzahl von Anhängern, unter anderen John Rawls, Michael Walzer, Thomas Nagel und David Miller.[27] Wie bereits im ersten Kapitel diskutiert wurde, gehört Martha Nussbaums jüngstes Werk ebenfalls in diese Gruppe, obwohl sie selbst ihre Position als »materialistischen globalen politischen Liberalismus« betrachtet, der »auf Vorstellungen von menschlicher Fähigkeit und gelingendem Lebensvollzug« basiert.[28]

Die Schwäche der liberal-nationalistischen Position besteht darin, dass sie die völkerrechtlichen Beschränkungen der Souveränität außer Acht lässt und diese Souveränität so konstruiert, als wäre sie allein durch die Selbstbehauptung des Demos definiert.[29] Kommt es zu wirtschaftlichem, technologischem oder epidemiologischem Druck, fallen die beiden Hälften des liberalen Nationalismus – Liberalismus und Nationalismus – oft auseinander, und der Liberalismus wird bereitwillig dem Nationalismus geopfert. Ganz deutlich zu erkennen ist das am aktuellen Aufkommen populistischer Bewegungen in allen liberalen Demokratien, die die Rechte von Migranten und Flüchtlingen als nachrangig und in vielen Fällen sogar als schädlich für nationale Interessen und Selbstbehauptung betrachten.

Die liberal-nationalistische Sichtweise erscheint vielen politischen Theoretikern, vor allem in den Vereinigten Staaten, ganz natürlich, die – ob willentlich oder nicht – die überragende Skepsis und Distanz, die sich in letzter Zeit am Obersten Gerichtshof der USA gegenüber dem Völkerrecht entwickelt hat, zu teilen scheinen.

Liberale Internationalisten, zu denen Michael Doyle, Anne-Marie Slaughter, Harold Koh und andere gehören,[30] argumentieren, dass es falsch sei, Souveränität als ein einseitiges Vorrecht zu betrachten, das gegen andere Souveräne ausgeübt werden kann. Vielmehr existieren Staaten innerhalb von *Souveränitätsregimen*, die sich im Laufe der Zeit verändern. Das westfälische Modell der absoluten Hoheitsgewalt einer zentralen Autorität über alles Lebendige und Tote auf ihrem Territorium ist ein Mythos der Vergangenheit (ob es jemals historische Realität war, ist zweifelhaft). Für liberale Internationalisten wird Souveränität innerhalb eines Systems internationalen Rechts ausgeübt und durch Institutionen wie die Charta der Vereinten Nationen, die Allgemeine Erklärung der Menschenrechte und die Menschenrechtsregime, die nach dem Zweiten Weltkrieg geschaffen wurden, geregelt. Die Staaten müssen ihren Verpflichtungen aus dem Völkerrecht nachkommen. Beim Schutz ihrer Grenzen müssen sie Eigeninteressen und internationale Verpflichtungen gegeneinander abwägen. Ein solcher Ausgleich ist auch in wirtschaftlicher Hinsicht von Vorteil, denn internationaler Wohlstand erfordert die Einhaltung der Spielregeln, ob im Handel oder in der Diplomatie. Unter Einhaltung ihrer völkerrechtlichen Verpflichtungen haben die Staaten das Vorrecht, ihre Arbeitsmarktpolitik nach eigenem Ermessen zu gestalten. Migrationsmodelle, die dem Leistungsprinzip den Vorzug geben, sind ebenso akzeptabel wie solche, die der Familienzugehörigkeit Vorrang einräumen. Die Rechte der Fremden unter uns sollten in Übereinstimmung mit nationalen, regionalen und internationalen Normen festgelegt werden. Anders als Antony Anghie und E. Tendayi Achiume berücksichtigen die liberalen Internationalisten bei ihren Überlegungen zur Entwicklung der Kategorien und Doktrinen des Völkerrechts und seiner Praktiken jedoch nicht die Geschichte des Kolonialismus und Imperialismus.

Neoliberale Globalisten – Friedrich Hayek, Milton Friedman, der frühe Thomas Friedman und die Redakteure des

Wall Street Journal[31] – verteidigen den ungehinderten freien Verkehr von Waren, Dienstleistungen und Personen über Grenzen hinweg. Zwar bedarf der Markt auch in ihren Augen des Schutzes durch Gesetze für Eigentum, Kredite und vertragliche Transaktionen. Doch je weniger sich der Staat in das Verhalten von Individuen und Unternehmen einmischt und je stärker er sich darauf beschränkt, deren Rechte als Verbraucher und Dienstleistungsanbieter zu schützen, desto besser für alle.[32]

Während liberale Internationalisten unter internationaler Ordnung in erster Linie Makro-Institutionen verstehen, die das zwischenstaatliche Verhalten regeln, ist die internationale Ordnung für neoliberale Globalisten Ausfluss von Marktnetzwerken. Staatliche Einmischung ist nicht erwünscht. Tatsächlich schwächt der neoliberale Kapitalismus die Regulierungsmacht der Staaten in mehrfacher Hinsicht: Erstens kontrolliert er die Kreditwürdigkeit von Staaten durch die Schaffung transnationaler Ratingagenturen, was sich wiederum darauf auswirkt, inwiefern Staaten als Kreditnehmer auf den internationalen Märkten auftreten können. Zweitens schaffen multinationale Konzerne zur Gewährleistung der Produktions-, Handels- und Austauschfreiheit, die eine Regulierung von Löhnen und anderen Arbeitsbedingungen sowie Gesundheitsvorschriften vermeiden würde, Sonderwirtschaftszonen, in denen sie von vulnerablen Staaten entsprechende Zugeständnisse erlangen. Eine weitere Praxis zur Umgehung staatlicher Regulierungsbefugnisse, die sich in den letzten Jahren herausgebildet hat, ist das »Forum Shopping«, bei dem sich multinationale Konzerne als Unternehmen in geeigneten Gebieten niederlassen, um die Steuerverpflichtungen in den Ländern zu umgehen, aus denen sie stammen; es steht ihnen dann frei, die Bedingungen ihrer rechtlichen Verträge und ihre Rechtsprechung in ausgewählten Gebieten nach eigenem Ermessen auszuhandeln.[33] Durch solche Maßnahmen werden die Regulierungsbefugnisse der Staaten sowie ihre Umverteilungsmöglichkeiten unterlaufen. Neoliberale Globalisten gehen davon aus, dass die grundlegendsten Menschenrechte die Eigentums- und die Vertragsfreiheit sind; alle anderen sind zweitrangig und können folgen.

Kosmopolitische Interdependenz: Die kosmopolitische Position drängt – wie der neoliberale Globalismus – liberale Nationalisten und Internationalisten darauf, eine Perspektive einzunehmen, die nicht allein auf den Staat fokussiert, der, ob liberal oder nicht, eine »Ontologie der Eindämmung« privilegiert, die die radikale Fluidität, historische Variabilität und Interdependenz von Völkern, Geschichten, Kulturen und Territorien auf beiden Seiten der Grenze leugnet. Der Kosmopolitismus geht von der Prämisse aus, dass die menschliche Mobilität ein anthropologisch tief verwurzelter Antrieb der menschlichen Spezies ist und dass die Regulierung menschlicher Mobilität durch nationale Grenzen in der Menschheitsgeschichte recht neu ist und nicht verdinglicht und als naturgegeben betrachtet werden darf. Für die Regulierung der immer stärker werdenden grenzüberschreitenden Bewegung der Menschen lassen sich intelligente und humane Lösungen finden.

Anders als bei den Globalisten ist der von mir vertretene Kosmopolitismus jedoch kein Plädoyer für eine Welt ohne Grenzen. Demokratien brauchen juristische Grenzen.[34] In diesem Sinne haben die liberalen Nationalisten recht: Wir müssen wissen, in wessen Namen ein Gesetz erlassen wird, und wir müssen wissen, wie wir von denen, die es erlassen, und von denen, die dagegen verstoßen, Rechenschaft verlangen können. Wir brauchen sowohl nationale als auch transnationale und internationale Gerichte, um den Schutz und die Stärkung von Rechten sowie die Bestrafung von Tätern, die sie verletzen, zu gewährleisten. Aber diese Grenzen der Gerichtsbarkeit sind nicht gleichbedeutend mit militärisch bewaffneten und gewaltsam bewachten Grenzregimen.

Wenn wir unseren Blick auf den Bereich sowohl unterhalb als auch oberhalb der staatlichen Ebene richten, sehen wir, dass Städte, Gemeinden, Regionen und Grenzgebiete die Interdependenz von Bürgern und Fremden gestalten und definieren. Kosmopoliten bestehen darauf, dass Migrationsbewegungen, sei es auf der Suche nach Arbeit oder nach Asyl, aufgrund von Push- und Pull-Faktoren stattfinden. Die wichtigsten dieser Faktoren lassen sich nur ermitteln, wenn man sich auf die regionalen Volkswirtschaften und auf die politische Ökonomie der Grenzgebiete konzentriert. Die kosmopolitische Perspektive verpflichtet uns, lange bevor die Migranten und Flüchtlinge vor der Tür stehen, zu untersuchen und zu analysieren, wie unsere nationalen und regionalen Politiken zu solchen Bewegungen beitragen. Sowohl der liberale Nationalist als auch der Internationalist betrachten Migrationsbewegungen über internationale Grenzen hinweg in erster Linie als Angelegenheiten, die reguliert, gesteuert und kontrolliert werden müssen, anstatt sich mit den Faktoren zu befassen, die zu solchen Völkerbewegungen führen.

Während neoliberale Globalisten von einer Welt ohne Grenzen träumen, weil sie die Bewegung der Völker in erster Linie unter dem Gesichtspunkt von Angebot und Nachfrage auf dem Markt sehen, konzentrieren sich die Kosmopoliten auf die Menschenmassen, die um den Globus geschleudert werden, weil die staatlichen Autoritäten ihrer Gemeinschaften sich in ihrem Bemühen, ausländisches Kapital anzulocken, gegenseitig unterbieten und zu schwach und ineffizient sind, um ihre Bevölkerung zu versorgen. Darüber hinaus errichten Länder in ihrem Bestreben, multinationales Kapital anzuziehen, Freihandelszonen, wie die Maquiladoras in Mittelamerika und die Neuen Wirtschaftszonen in Südasien,[35] und treten Menschenrechtsvereinbarungen zum Schutz gegen Kinderarbeit, Mutterschaftsleistungen, sanitäre Bedingungen und Gewerkschaftsrechte mit Füßen. Für den Kosmopolitismus hingegen, für den ich mich einsetze, sind die Wahrung dieser Rechte und das Vorrecht der Menschen, sie von ihren eigenen Regierungen einzufordern, von größter Bedeutung.

Wie E. Tendayi Achiume bemerkt: »Um eine ideale Form der globalen Migrationssteuerung zu erreichen, müsste man mit anderen Worten die fatal fehlerhafte Auffassung von staatlicher Souveränität korrigieren, die dem Völkerrecht zugrunde liegt und die zu schützen die Nationalstaaten einen starken Anreiz haben.«[36] Auf der Ebene der Idealtheorie geht es also darum, neu zu konzipieren, *wie sich demokratische Selbstbestimmung in ein neues Völkerrecht interdependenter Souveränitäten einbetten lässt.* Die neoliberale Globalisierung untergräbt diese Souveränität, nicht um eine größere Interdependenz zu gewährleisten, sondern um die Freiheiten des Marktes zu schützen.

Eine kurze Bemerkung zu Hans Kelsen

Ich möchte nicht versäumen, die Beiträge von Hans Kelsen zu dieser Sicht des Kosmopolitismus zu erwähnen. Kelsen war einer der schärfsten Kritiker der Souveränität, wenn auch nicht unter dem Gesichtspunkt der Migrations- und Flüchtlingsrechte. Er lehnte den Anspruch der Souveränität ab, eine Institution jenseits des Rechts zu sein, und erklärte, dass der verfassungsgebende Akt als eine transzendentale Fiktion betrachtet werden müsse, von deren Autorität eine Grundnorm ausgeht, die alle nachfolgenden Autoritäten begründet.[37] Carl Schmitt sollte Kelsen kritisieren und sich über die Vorstellung lustig machen, dass der Gründungsakt eines Volkes allein als transzendentale Fiktion betrachtet werden könnte. Vielmehr sei es die konkrete Existenz eines

Volkes, aus der die Verfassung hervorgehe und der sie ihre Legitimität verdanke.[38] Das Spannungsverhältnis zwischen *demos* und Volk, zwischen dem als unter einer verfassungsmäßigen Ordnung geeinten Volk und der Vorstellung von Volk als ethno-nationaler Schicksalsgemeinschaft ist eine der grundlegenden Unterscheidungen in der Geschichte des Völkerrechts und der Rechtswissenschaft. Während Kelsen der Meinung war, dass sich die Perspektiven des nationalen Rechts und des Völkerrechts letztlich miteinander in Einklang bringen ließen – für ihn war das eine Frage, welche erkenntnistheoretische Position man einnimmt[39] –, haben sich in unserer Welt der Konflikt und die Spannung zwischen diesen beiden Perspektiven nur noch weiter verschärft. Es geht nicht darum, zu leugnen, dass jeder *demos* auch ein *ethnos* oder eine Ansammlung von *ethnē* ist, sondern zu zeigen, wie die Perspektiven der *ethnē* und der *demoi* durch einen transnationalen Kosmopolitismus vermittelt werden können, der auf den normativen Prinzipien des interaktiven Universalismus beruht.[40]

In diesem Zusammenhang wäre es völlig falsch, die Fortschritte des Völkerrechts in der Zeit nach dem Zweiten Weltkrieg zu ignorieren, die den Angriffskrieg verboten und Völkermord, ethnische Säuberungen und Sklaverei durch verschiedene Konventionen und *Ius-cogens*-Normen unterbunden haben. Während die Anhänger der Hermeneutik des Misstrauens diese Rechtsordnung nach wie vor allein auf das Eigeninteresse der Hegemonialmächte reduzieren und den Rückzug Russlands vom Römischen Statut des Internationalen Strafgerichtshofs (IStGH) mit selbstrechtfertigender Freude betrachten, stelle ich mich auf die Seite von Hans Kelsen und anderen kosmopolitischen Juristen, die eine Welt nicht ohne Konflikte vor Augen hatten, aber doch eine Welt, in der Konflikte durch Recht und Politik und nicht durch Krieg und Zerstörung beigelegt werden sollten. Natürlich ist Russland nicht die einzige Supermacht, die den IStGH verlassen hat. Weder die Vereinigten Staaten (die das IStGH-Statut zunächst unterzeichnet und ihre Unterschrift dann widerrufen haben) noch China sind Mitglieder. Doch wie jede andere Institution, die, mit Jürgen Habermas gesprochen, Faktizität und Geltung in sich vereint,[41] müssen auch das Völkerrecht, seine Institutionen, Netzwerke und Verbände der Kritik und der Neugestaltung unterworfen sein. Mit Blick auf die Arbeit von TWAIL-Wissenschaftlern hat dieses Kapitel zu zeigen versucht, dass diese kritische Aufgabe der normativen Neugestaltung im Gange ist. Solche Bemühungen bringen uns näher an das, was Kant »Weltbürgerrecht« nannte, einen Bereich von Recht und Gesetz jenseits des staatszentrierten Völkerrechts, der aber Letzteren ergänzt und manchmal mit ihm in Konflikt gerät. Die Beiträge von Anghie und Achiume weisen in dieselbe Richtung: Sie kritisieren die Geschichte des Völkerrechts, die eng mit dem europäischen Imperialismus und Kolonialismus verknüpft ist, und verteidigen dennoch Doktrinen wie die dauerhafte Souveränität über natürliche Ressourcen sowie die Co-Souveränität, wenn sie Prinzipien des Zusammenlebens in einer gemeinsamen Welt neu denken.

Im nächsten Kapitel wird zwischen drei Dimensionen von Globalität unterschieden: der Welt, der Erde und dem Planeten. Globalisten haben Recht damit, dass wir als Folge wirtschaftlicher und technologischer Entwicklungen bei der grenzüberschreitenden Bewegung von Nachrichten und Menschen, Dienstleistungen und Mikroben, Mode und Geld eine noch nie dagewesene Verdichtung von Zeit und Raum erreicht haben. Wie können wir uns diese neuen Dimensionen des Globus jenseits der Utopien des freien Marktes vorstellen?

Kapitel 3

Der Globus als Welt, Erde und Planet

In den beiden bisherigen Kapiteln wurde eine Spielart des Kosmopolitismus verteidigt, die die von postkolonialen und dekolonialen Denkern artikulierte Kritik an dieser Position – ob in ihrer kantianischen oder neokantianischen Version – berücksichtigt. Die These lautet, dass es möglich ist, einige Einsichten der kantianischen Tradition neu zu formulieren, indem die dualistische ontologische Hierarchie, auf der die Kant'sche Ethik beruht, abgelehnt und Kants Verständnis des Weltbürgerrechts im Lichte der Beiträge von TWAIL-Forschern erweitert wird. Die kommunikative Ethik vertritt einen interaktiven Universalismus, in dem der Standpunkt des Anderen nicht nur im Denken berücksichtigt wird, wie es Kant und ihm folgend Arendt in ihrer Formulierung von der »erweiterten Denkungsart« postulieren. Vielmehr sucht der interaktive Universalismus die lebensweltliche Begegnung mit dem Anderen durch die Kultivierung gemeinsamer Praktiken und die Schaffung einer gemeinsamen Welt. Ich habe diesen Ansatz als *kosmopolitische Interdependenz* bezeichnet, die eine *Einbettung der demokratischen Selbstbestimmung in ein neues internationales Recht interdependenter Souveränitäten* vorsieht.

Diese Position unterscheidet sich vom Ansatz der *offenen Grenzen*: Die kosmopolitische Interdependenz lehnt die Einsichten des liberalen Nationalismus nicht ab, dass wir jurisdiktionelle Grenzen, nationale, internationale und transnationale Gerichte und Durchsetzungsmechanismen brauchen, um zu wissen, in wessen Namen ein Gesetz erlassen und durchgesetzt wird. Auch der Ansatz der liberalen Internationalisten, die die Nationalstaaten und ihre Institutionen als eingebettet in eine Welt des internationalen Rechts betrachten, wird nicht abgelehnt. Mit den neoliberalen Globalisten teilt die kosmopolitische Interdependenz die Ansicht, dass die menschliche Bewegung ein tief verwurzelter anthropologischer Trieb der Spezies ist und dass die Entwicklung des World Wide Web zusammen mit neuen Kommunikations- und Transporttechnologien neue globale Realitäten hervorgebracht hat. Der Globus ist zwar geschrumpft, aber er ist nicht zu *einer* Welt geworden, zu einer gemeinsamen Welt der geteilten Bedeutungen, Institutionen und Praktiken. In diesem Kapitel wird die Ansicht vertreten, dass alle vier oben genannten Positionen – liberaler Nationalismus, liberaler Internationalismus, neoliberaler Globalismus und Kosmopolitismus – angesichts des Klimawandels und drohender ökologischer Katastrophen heute neu gedacht werden müssen. Beginnen möchte ich mit der Analyse der verschiedenen Bedeutungen des Wortes »Globus«.

Dieser Terminus, der in Ausdrücken wie neoliberale Globalisierung, globale Erwärmung, globale Wirtschaft usw. verwendet wird, vereint verschiedene Bedeutungen in sich, die von *Welt* über *Erde* bis zum *Planeten* reichen. Wie Dipesh Chakrabarty betont hat, ist die Unterscheidung dieser Dimensionen von essenzieller Bedeutung für das Verständnis des Anthropozäns, dieser neuen Epoche, in die wir in der Entwicklung des Planeten eingetreten sind. Und wie Bruno Latour uns eindringlich vor Augen geführt hat, ist die dünne Membran, die den Planeten umgibt – das, was er *Gaia* oder *das Terrestrische* nennt –, das, was menschliches und anderes Leben überhaupt erst möglich macht. Welche Art von Politik ist in diesem planetarischen Zeitalter möglich? Während historisch gesehen der Kosmopolitismus den *demos* mit dem Kosmos konfrontierte, der von den alten Griechen als eine rationale, mittels Vernunft begreifbare Ordnung verstanden und von Kant als die Welt, die wir Menschen friedlich teilen müssen, neu formuliert wurde, konfrontiert die Realität des Anthropozäns die Angehörigen der *demoi* im 21. Jahrhundert mit dem Gedanken, dass sie *Mit-Bewohner der Erde* auf diesem Planeten sind.

Trotz ihrer erhellenden Beiträge neigen Chakrabarty und Latour zu einer gewissen Apokalyptik, die der Politik gegenüber ungeduldig ist. Der Begriff des Planetarischen bei Chakrabarty und der des Terrestrischen bei Latour gleiten von einer Beschreibung in eine Ontologie des *Erdinneren* ab, deren präskriptive und politische Konsequenzen völlig unklar sind. In einigen historischen Formen der Politik des Erdinneren, wie etwa bei Martin Heidegger und Carl Schmitt, sind die Konsequenzen alles andere als heilbringend.

Das vorliegende Kapitel endet mit einer Analyse von Hannah Arendt und Karl Jaspers, die sich in den späten 1950er Jahren mit den Gefahren beschäftigten, denen die Welt durch die Erfindung der Atombombe ausgesetzt war. Ihre Überlegungen sind für unsere heutige Zeit von großer Bedeutung, da sie zeigen, wie die Menschheit auch damals mit einer noch nie dagewesenen Gefahr konfrontiert und trotzdem in der Lage war, Institutionen aufzubauen, um dieser Bedrohung entgegenzuwirken. Insbesondere Arendt befürchtete, dass die negative Solidarität des drohenden Untergangs, die durch das Atomzeitalter hervorgerufen wurde, nicht zu einer Welt-Politik führen würde, aber sie beharrte gleichwohl darauf, dass die Menschen nicht den Glauben verlieren sollten an die eigene Fähigkeit, neue Institutionen zu schaffen und neue Praktiken zu entwickeln.

Anthropozän, Globus und Planet

Mit seiner einflussreichen Arbeit über *Das Klima der Geschichte im planetarischen Zeitalter* hat Dipesh Chakrabarty den Geisteswissenschaften in ihrer Auseinandersetzung mit den neuen Erdwissenschaften neuartige Perspektiven eröffnet.[1] Er zitiert den mit dem Chemie-Nobelpreis ausgezeichneten Theoretiker Paul J. Crutzen und dessen Mitarbeiter Eugene F. Stoermer, einen Meeresforschungsspezialisten: »In den letzten drei Jahrhunderten sind die Effekte des menschlichen Handelns auf die globale Umwelt eskaliert (…) Insofern scheint es mir angemessen, die gegenwärtige (…) vom Menschen geprägte geologische Epoche als ›Anthropozän‹ zu bezeichnen. Sie folgt auf das Holozän, jene warme Periode, die sich über die letzten zehn- bis zwölftausend Jahre erstreckte. (…) Dieses Datum fällt überdies mit James Watts Erfindung des sogenannten Wattschen Parallelogramms im Jahr 1784 zusammen, einer entscheidenden Verbesserung der Dampfmaschine.«[2]

Wie bei jedem Periodisierungsversuch gibt es auch bei diesen Daten Kontroversen, doch die wissenschaftlichen Erkenntnisse über den Klimawandel, die die Anthropozän-Theorie stützen, sind im Vierten Sachstandsbericht des Intergovernmental Panel on Climate Change (IPCC) der Vereinten Nationen aus dem Jahr 2007 zusammengefasst und gut belegt.[3] Im selben Report des IPCC heißt es weiter: »Die globalen Treibhausgasemissionen aufgrund menschlicher Aktivitäten haben seit der vorindustriellen Zeit zugenommen, mit einem Anstieg von 70 % zwischen 1970 und 2004.«[4]

Welche Implikationen hat das Anthropozän für die Geistes- und Sozialwissenschaften? Erstens fallen die Anfänge des Anthropozäns und der Aufstieg der Moderne zusammen, denn wie Chakrabarty es provokant formuliert: »Der Prachtbau der modernen Freiheiten steht auf einem immer umfangreicheren Fundament fossiler Brennstoff-Verwendung.«[5]

Zweitens wenden einige Wissenschaftler ein, es sei nicht die Moderne als solche, sondern die kapitalistische Globalisierung, die durch die unersättliche Nutzung fossiler Brennstoffe, die Treibhausgase erzeugen, die Erschöpfung der weltweiten Ressourcen beschleunigt habe. Nancy Fraser zufolge behandelt der Kapitalismus die Natur sowohl als Quelle für die Gewinnung von Rohstoffen als auch als Müllhalde für die Entsorgung von Abfällen. Die Natur, dieses ontologische Andere der Menschheit, wird betrachtet als »eine Ansammlung von Dingen, die keinen Wert haben, sich aber von selbst vermehren und als Mittel zum Systemzweck der Wertexpansion verwendet werden können«.[6] Chakrabarty hält dem entgegen, dass das Anthropozän nicht allein als Folge der kapitalistischen Globalisierung betrachtet werden könne, denn »die Naturwissenschaftler:innen, die für die Idee des Anthropozäns eintreten, sagen eindeutig ziemlich genau das Gegenteil. Sie behaupten, dass Menschen, weil sie eine besondere Art von Spezies bilden, im Zuge ihrer Herrschaft über andere Arten den Status einer geologischen Kraft erlangen können.«[7] Chakrabarty hat sicherlich recht, wenn er darauf hinweist, dass das Projekt des industriellen Wachstums und die Ausweitung der Treibhausgasemissionen durch staatskapitalistische Länder wie China keinen Deut weniger mit einem Raubbau an der Natur verbunden sind als bei kapitalistischen Volkswirtschaften. Richtig ist aber auch Frasers Behauptung, dass der Prozess der ursprünglichen Akkumulation, der durch den frühen Kapitalismus im Westen ausgelöst wurde, historisch gesehen den industriellen Kapitalismus weltweit verbreitet und die anhaltende Ausbeutung der Natur vorangetrieben hat.

In dieser Diskussion geht es um Fragen der globalen Verteilungsgerechtigkeit auf einem fragilen Planeten mit zunehmend knappen Ressourcen wie Wasser und Ackerland.

Die Entwicklungsländer in Afrika, Südostasien, Südamerika, der Karibik und anderen Inselstaaten wenden zwar zu Recht ein, dass ihr Kohlenstoff-Fußabdruck über die Jahrhunderte viel geringer ist als der des industriellen Nordens und Westens, weisen aber auch darauf hin, dass sie aufgrund ihrer begrenzten wirtschaftlichen und technologischen Möglichkeiten am stärksten von den Auswirkungen des Klimawandels betroffen sind. Können solche Konflikte durch eine umverteilungsorientierte, marktgesteuerte Politik gelöst werden, wie sie von neoliberalen Globalisten befürwortet wird, zum Beispiel durch den Handel mit CO_2-Zertifikaten, oder durch eine schrittweise Verringerung des CO_2-Ausstoßes, wie sie von den nationalen Regierungen im Rahmen internationaler Vereinbarungen versprochen, aber kaum je eingehalten wird? Brauchen wir nicht eine grundsätzlichere Neuausrichtung unseres Denkens?

Chakrabarty ist der Ansicht, dass eine solche grundlegende Neuorientierung unerlässlich ist, und argumentiert – und dies ist die dritte Implikation, die das Anthropozän für die Geistes- und Sozialwissenschaften hat –, dass die Wissenschaft des Klimawandels uns dazu drängt, die Menschheit als Spezies zu betrachten und nicht als etwas, das aus verschiedenen Völkern mit ihrer je eigenen Geschichte, Kultur und Entwicklung besteht. Doch wie kann man die Menschheitsgeschichte als eine Spezies-Geschichte betrachten? Verwischt eine solche Perspektive nicht die Unterschiede zwischen den Mächtigen und den Schwachen, den Armen und den Reichen, den Nationen, deren Fußabdruck auf der Oberfläche des Planeten für enorme Emissionen fossiler Brennstoffe verantwortlich ist, und denjenigen, die gerade einmal damit begonnen haben, all ihre hungrigen Massen zu ernähren? Hier stellen sich zwei unterschiedliche Fragen: Was bedeutet es, die Geschichte der Menschheit als Spezies zu schreiben? Und wenn eine solche Geschichte geschrieben werden sollte, würde sie dann nicht die Politik verschleiern, da sie im Namen einer nicht existierenden menschlichen Einheit, nämlich *der* menschlichen Spezies, sprechen würde?

Chakrabarty ist sich der enormen Veränderungen im politischen Denken bewusst, die die Beantwortung dieser beiden Fragen mit sich brächte. Er vertritt die Auffassung, dass wir mit zwei miteinander verbundenen, aber unterschiedlichen konzeptionellen Aufgaben konfrontiert sind: den Globus *und* den Planeten neu zu denken. »Ersterer«, so schreibt er, »bleibt eine humanozentrische Konstruktion und Letzterer dezentriert den Menschen in unseren Narrativen über die Welt.«[8] So bedeuten Begriffe wie »globaler Kapitalismus« und »globale Erwärmung« nicht dasselbe. Während sich das Globale im ersten Fall auf die »von Menschen dominierte Ordnung« bezieht, »die von europäischen Imperien, postkolonialen und sich modernisierenden Nationalismen und dem globalisierten Kapitalismus und Konsum in den letzten 500 Jahren geschaffen wurde«,[9] verweist das Globale im zweiten Fall auf den Planeten, eine neue historisch-philosophische Einheit, die von den Erdsystemwissenschaften untersucht wird. Diese Bedeutungen sind nicht nur unterschiedlich, sondern »der Planet bzw. das Erdsystem dezentriert den Menschen«.[10]

Welche Implikationen haben diese Thesen für den Kosmopolitismus? Bleibt der Kosmopolitismus nicht in einer *humanozentrischen* Vorstellung gefangen?

Erinnern wir uns daran, dass die griechischen Stoiker, die den Kosmos mit der Vernunft (*nous*) gleichsetzten, die Natur nicht als das ontologische *Andere* des Menschen betrachteten. Descartes' Vision, uns zu *maîtres et possesseurs de la nature* (»Herren und Besitzern der Natur«) zu machen, war technologisch noch nicht vorstellbar. *Nous* war eine Form der Achtsamkeit im Einklang mit der Natur. Selbst für Aristoteles stellte die Bewegung der Himmelskörper ein Bild der Ewigkeit dar, dem sich der »sich betrachtende

Geist« nur schlecht annähern konnte. Geist und Kosmos spiegelten sich gegenseitig.

Auch für den vielgeschmähten Kant gibt es eine wichtige Unterscheidung zwischen der »Welt« und der »Erdkugel«. Sein politischer Kosmopolitismus sieht den Aufbau von Institutionen in einer Welt vor, die wir mit anderen teilen; aber einer der Momente moralischer Erkenntnis, die uns zum Kosmopolitismus führen, ist die Anerkennung der Tatsache, dass wir uns, weil die Oberfläche der Erde kugelförmig ist, nicht unendlich auf ihr ausbreiten können und deshalb früher oder später anderen Wesen begegnen werden, die genauso sind wie wir, mit denen wir lernen müssen, diese Oberfläche zu teilen.[11] Dieses »Teilen der Erdoberfläche mit anderen« könnte das fehlende Bindeglied zwischen weltlichem Kosmopolitismus und einer neuen Politik der planetarischen Interdependenz bilden. Lassen Sie mich zunächst die sich abzeichnenden Bedeutungen des Globus als *Planet* und als *Erde* erläutern, die Chakrabarty und Latour herausgearbeitet haben.

Latour über Erde, Planet und das Terrestrische

Bruno Latours Arbeit hat unser Verständnis des Klimawandels insofern revolutioniert, als er darauf hinwies, dass Klimawandel ein viel zu enger Begriff ist, um die enormen Veränderungen zu erfassen, die gerade im Gange sind, und auch nicht die epochale Neuorientierung im Denken ermöglicht, die auch Chakrabarty fordert. Während für Chakrabarty das planetarische Denken das *humanozentrische* Denken dezentrieren soll, hat Latour Bedenken gegen die Verwendung der Terminologie vom Planeten und vom Planetarischen, um die missliche Lage zu analysieren, in der wir uns befinden. Er schreibt: »Wir müssen uns mit etwas auseinandersetzen, was buchstäblich ein Problem der Dimension, des Maßstabs und des Unterkommens ist: Der Planet ist für den Globus der Globalisierung *viel zu eng und viel zu beschränkt*; er ist *zu groß*, viel zu groß, zu aktiv, zu komplex, als dass er sich in den engen Grenzen irgendeiner Lokalität einpferchen ließe.«[12]

Die Verfechter der Globalisierung haben keinen Sinn für Größenordnungen, sie sehen nur das Potenzial für eine unendliche Expansion und vielleicht sogar die mögliche Annexion anderer Planeten als ihr Ziel. Diejenigen, die das Lokale dem Globalen gegenüberstellen, verkennen ebenfalls das Ausmaß des Problems, denn sie unterschätzen, wie das Globale das Lokale destabilisiert und es vollkommen verwundbar gemacht hat.

Vom Standpunkt des Globus aus zu urteilen bedeutet, die Dinge aus weiter Ferne zu beurteilen, als Entitäten, die menschlichem Eingreifen zur Verfügung stehen. Aber die Erde als einen Planeten unter anderen zu betrachten, »als einen fallenden Körper im unendlichen Universum«, ist auch nicht richtig.[13] Wenn wir versuchen, vom Standpunkt des Universums aus zu denken, können wir die epochalen Umwälzungen unserer Zeit nicht begreifen. Latour führt dann noch einen weiteren Begriff ein – *Gaia* oder das *Terrestrische*, das er für einen neuen politischen Akteur neben dem Globalen und dem Lokalen hält.[14] Zwischen Chakrabarty und Latour besteht eine gewisse terminologische Uneinigkeit in Bezug auf das Planetarische, die auf mehr als nur unterschiedliche Ansichten über Begrifflichkeiten schließen lässt.

Für Latour beschränkt sich das Terrestrische »überraschenderweise auf die kleine, einige Kilometer umfassende Zone zwischen Atmosphäre und Muttergestein: auf einen dünnen Film, Firnis, eine zarte Hülle, vielfach gefaltete Schichten«.[15] Diese kritische Zone macht das Leben auf dem Planeten Erde erst möglich, und durch die Aufheizung der Erdoberfläche droht diese Zone zerstört zu werden. Während die Globalisten vielleicht davon phantasieren, dass auf anderen Planeten als dem unseren eine andere Form von Leben möglich ist, besteht Latour darauf, dass wir uns bewusst sein müssen, wie fragil unsere Lebensform als Menschen auf dieser *Terra* ist.

Chakrabarty und Latour sind sich der Divergenzen in ihrer Terminologie und in den konzeptionellen Fragen bewusst, die sich hinter diesen terminologischen Abweichungen verbergen könnten, und führten 2021 ein Gespräch mit dem Titel »Im Globalen offenbart sich das Planetarische«.[16] Chakrabarty meint darin: »Der extraktive oder Rohstoff-Kapitalismus ist in immer höherem Maße auf die Biosphäre angewiesen. Je weiter der Kapitalismus in Gestalt von Arbeit ins Erdinnere vordringt, desto häufiger begegnet er dem, was ich als Planeten bezeichne.«[17] Latour fragt, ob man hier wirklich von »Biosphäre« sprechen sollte. Chakrabarty entgegnet, dass man die kritische Zone am besten »das Erdinnere« nennen sollte.[18] Es besteht also eine gewisse Divergenz darin, dass das, was Latour *Gaia* oder *Terra* nennt, von Chakrabarty das Erdinnere oder auch nur der Planet genannt wird. Während für Latour im *Terrestrischen Manifest* die Sprache des Planetarischen eine gottgleiche Sicht auf das Universum zu suggerieren schien, räumt er im Gespräch mit Chakrabarty ein: »Ohne das Globale hätten wir das Planetarische nicht entdeckt.«[19] Ich verstehe das so, dass ohne die wirtschaftlichen und technologischen Revolutionen, die im 16. und 17. Jahrhundert in Westeuropa ihren Anfang nahmen und sich schließlich über die ganze Welt ausbreiteten, der Mensch nicht als Spezies im Anthropozän aufgetaucht wäre, die in der Lage ist, die Bedingungen zu zerstören, die das menschliche Leben auf der Erde überhaupt erst möglich gemacht haben. Wir können sagen, dass sich *das Planetarische* auf einen *epistemologischen Standpunkt* bezieht und eine Perspektive ist, die durch die Entwicklungen in Technologie und Kommunikation erreicht wurde.

Es gibt in diesem Gespräch eine Diskrepanz zwischen der Beschreibung der *erkenntnistheoretischen Bedingungen*, unter denen unser Wissen über etwas *als diese Art von Sache* möglich wird – wir erkennen, dass der Mensch jetzt eine geophysikalische Kraft im Universum ist –, und einer *ontologischen Entität*, die als *das Erdinnere* bezeichnet wird.

Was ist das Erdinnere? Die Verwendung dieses Begriffs zeigt, dass nicht nur zwischen Epistemologie und Ontologie, sondern auch zwischen dem Normativen und dem Ontologischen eine Diskrepanz vorliegt. Latour fragt: »Was wäre der menschliche Handlungsträger der Erde – jener ursprünglichen Erde, die Husserl, Heidegger und in gewisser Weise Schmitt und viele andere Deutsche umgetrieben hat – gewesen? Was wäre die politische Konstruktion – der Handlungsträger der Geschichte – gewesen?«[20] Diese Hinwendung zu einem ontologischen Essentialismus seitens zweier Denker, die sich an den jüngsten Entwicklungen in den Geowissenschaften orientieren, ist verwunderlich. Chakrabarty zitiert gerne Heideggers Satz, wonach »das Gegeneinander von Welt und Erde« ein »Streit« sei.[21] Aber Heideggers Wendung lässt sich nicht unabhängig von seiner phänomenologischen Ontologie und all den zusätzlichen begrifflichen Verpflichtungen, die diese mit sich bringt, verstehen. In erster Linie kritisiert Heidegger die moderne Technik, die die Welt als »Ge-Stell« projiziert, als ein Ding, das um der menschlichen Handhabung und des menschlichen Gebrauchs willen gestaltet werden soll.[22]

Die Art von epochaler Neuorientierung im Denken, die Latour und Chakrabarty hier anstreben, konvergiert mit einer gewissen Kritik nicht nur an der modernen Wissenschaft und Technologie, sondern auch an der modernen Politik, wie sie von der bekannten Tradition des antimodernen reaktionären Denkens vertreten wird, für das die Philosophien von Heidegger und Schmitt stehen – Husserl würde ich von dieser Charakterisierung ausnehmen. Die Erde suggeriert eine Orientierung oder, in Schmitts Terminologie, »eine Ortung«, die eine ursprüngliche Beziehung zwischen bestimmten Menschen und dem Boden, den sie bewohnen, impliziert.[23] Das Recht erwächst aus der Erde und ist auf die Erde bezogen. Während der späte Heidegger eine Form von Anti-Humanismus vertritt, die die Vergöttlichung des Menschen auf Kosten des Seins ablehnt,[24] führt Carl Schmitts Theorie der Beziehung zwischen Erde und Recht zu einer Kritik an der Wurzellosigkeit der angloamerikanischen Seefahrermoderne und des liberalen Rechts im Allgemeinen.[25] Als Akteur der modernen Politik galt das Individuum, das nicht nur Anspruch auf »Leben, Freiheit und Eigentum« hat, sondern auch das Wesen ist, dem Gott die Erde gemeinsam gegeben hat, damit es auf ihr arbeiten und ihre Früchte genießen kann. Dieser umfassende und räuberische Frühkapitalismus, der in John Lockes berühmtem Satz »So war zu Anfang die ganze Welt ein Amerika«[26] zum Ausdruck kommt, setzt die Zerstörung der Erde und des Planeten in Gang. Chakrabarty und Latour teilen Heideggers und Schmitts Kritik am modernen Subjekt.

Interessanterweise bezieht sich für sie »ein konservatives, rechtsgerichtetes Verständnis von planetarischer Politik«[27] nicht auf die Tradition der reaktionären Modernitätskritik, sondern auf Projekte des Geo-Engineering oder, in Latours Worten, auf die Hypermoderne, die »global in eine Richtung die ganze Strecke bis zum Planetarischen« gehen will.[28] (Man denke an Elon Musk.) Warum wird die reaktionäre Politik des Erdinneren nicht diskutiert? Warum werden die Folgen von Heideggers Antimodernismus nicht im Lichte von dessen Antisemitismus und Rassismus bewertet? Warum wird nicht auf Schmitts Kritik am anglo-amerikanischen Liberalismus im Namen einer Rechtsontologie der Erde im Gegensatz zum Meer verwiesen? Damit soll nicht gesagt werden, dass Latour oder Chakrabarty diese

Positionen gutheißen würden. Aber die Aufforderung, die *humanozentrische* Position normativ aufzugeben und sie durch die Sprache des Erdinneren zu ersetzen, birgt Gefahren und Fallstricke. Hinter der apokalyptischen Kritik an der Moderne lauert seit jeher die Politik der Ausgrenzung derjenigen Anderen, die als nicht zur Erde gehörend betrachtet werden oder die keine »Wurzeln« in der Erde haben. Dass in einer solchen Terminologie die reaktionären Bewegungen der letzten zwei Jahrhunderte anklingen, ist kaum zu vermeiden.

Neben Erde und Planet gibt es noch eine dritte Bedeutung von Globus, nämlich die der *Welt*. Diese Dimension soll verdeutlicht werden, indem wir zusammen mit Arendt und Jaspers über eine andere Epoche nachdenken – das Atomzeitalter. Arendt und Jaspers haben sich intensiv mit den Gefahren des Atomzeitalters auseinandergesetzt, das in seinem Potenzial, das Leben auf der Erde zu zerstören, der Klimakatastrophe unserer Zeit vorausging, und ihre Erkenntnisse sind auch für unsere Zeit aufschlussreich.

Hannah Arendt über Karl Jaspers als Weltbürger

Die Klimakrise unserer Zeit bringt ökologische Katastrophen wie die Erwärmung der Erde und der Weltmeere, das Abschmelzen der Polkappen, Extremwetterereignisse, die Erschöpfung der irdischen Ressourcen und das Aussterben von Pflanzen- und Tierarten mit sich. Es ist nicht das erste Mal in der Geschichte, dass an die Menschheit als Gattung appelliert wird – als einheitlicher Akteur, aber auch als Opfer ihres eigenen Handelns. Die Menschheit erscheint, in Adornos Worten, als das Subjekt-Objekt einer »negativen Universalgeschichte«.[29] Negativ nennt Adorno diese deshalb, weil diese Veränderungen nicht von den Menschen selbst gewollt sind, obwohl die Menschen die Akteure sind, die sie herbeiführen; sie sind auch die Objekte oder Opfer, die von diesen Veränderungen betroffen sind.

Die Zeit nach dem Zweiten Weltkrieg stellte für viele einen solchen Moment negativer Universalgeschichte dar, als das Bewusstsein für das Ausmaß der Zerstörungskraft, die die Menschheit durch den Bau der Atombombe und die Zerstörung von Hiroshima und Nagasaki auf sich geladen hatte, weit verbreitet war. Diese Themen werden von Hannah Arendt in einem Essay aufgegriffen, der auf der Laudatio auf ihren Lehrer basiert und den Titel *Karl Jaspers: Bürger der Welt* trägt. Die Lektüre von Arendt wird es uns ermöglichen, den Begriff der Welt im Unterschied zur Erde und zum Planeten genauer zu fassen. Die Lektüre von Arendt und Jaspers zeigt auch, dass eine positive Bedeutung des Menschen als Akteur der Geschichte nur als Pluralität gedacht werden kann, das heißt als Menschen im Plural, die nach Würde streben.

Arendt hielt die Laudatio anlässlich der Verleihung des Friedenspreises des Deutschen Buchhandels an Jaspers 1958, nachdem im Jahr zuvor sein Buch *Die Atombombe und die Zukunft des Menschen* erschienen war.[30] Ihre ausführlichere Darstellung seiner Philosophie in dem Aufsatz *Karl Jaspers: Bürger der Welt* beginnt sie mit der Ablehnung von Weltregierung und Weltbürgertum, räumt aber ein, dass wir Kants Kosmopolitismus eine Einsicht zu verdanken hätten: »Denn die Menschheit, für jede frühere Generation nicht mehr als eine Vorstellung oder ein Ideal oder ein regulativer Begriff, gibt es inzwischen wirklich.«[31] Und sie fährt fort: »Zwar haben zum ersten Mal in der Geschichte alle Völker der Erde eine gemeinsame Gegenwart: Jedes Volk ist der unmittelbare Nachbar jedes anderen geworden, und Erschütterungen auf der einen Seite des Erdballs teilen sich mit außerordentlicher Geschwindigkeit der gesamten Erdoberfläche mit.«[32]

Doch diese gemeinsame Gegenwart ist weder aus einer

gemeinsamen Vergangenheit hervorgegangen, noch garantiert sie eine gemeinsame Zukunft. Es ist die Technik, die für die Einheit der Welt gesorgt hat und die diese Einheit genauso leicht zerstören kann. Hat die Kommunikationstechnologie die Einheit der Menschheit ermöglicht, so kündigt die Technologie der Beherrschung der Kräfte des Universums durch die Atomspaltung eine zerstörerische Kraft an, die das menschliche Leben auf der Erde beenden kann. »Diese auf die Furcht vor globaler Zerstörung gegründete negative Solidarität ist begleitet von einer weniger evidenten, aber nicht weniger wirksamen Befürchtung politischer Natur. Positive Solidarität im Politischen kann es nur geben auf Grund gemeinsamer Verantwortlichkeit.«[33]

Wie kann eine solche negative Solidarität zu einem Gefühl der gemeinsamen politischen Verantwortlichkeit werden, jenseits von »politischer Apathie (…), die sich auch in einem isolationistischen Nationalismus oder einer verzweifelten Rebellion gegen moderne Technik äußern kann«?[34] Weder ein Weltstaat noch eine Weltbürgerschaft können eine Lösung für dieses Dilemma sein. Wie bereits im ersten Kapitel erörtert, hatte Kant einen solchen Weltstaat »einen seelenlosen Despotism« genannt,[35] war aber nicht bereit, das Ideal des Weltbürgertums aufzugeben, das für ihn gerade ein Gefühl der gemeinsamen Verantwortung bedeutete, da das Unrecht, das in einem Teil der Welt begangen wird, auch alle anderen betreffen würde.[36]

Jaspers geht in zweierlei Hinsicht über Kant und Arendt hinaus, indem er die Idee der Weltbürgerschaft auf eine solidere Basis stellt: erstens durch seine Philosophie der Kommunikation und zweitens durch seine Theorie der Achsenzeit. Universelle Kommunizierbarkeit ist gerade deshalb möglich, weil ihre Anfänge in der Achsenzeit liegen, in der ein »gemeinsamer Rahmen des Geschichtsverständnisses« entsteht. Nach Jaspers' bekannter historischer Konstruktion ereignet sich im 5. vorchristlichen Jahrhundert mit dem Auftauchen von Konfuzius und Laotse in China, den Upanishaden und Buddha in Indien, Zarathustra in Persien, den Propheten in Palästina, Homer, den Philosophen und den Tragödien in Griechenland etwas Bedeutendes in der Menschheitsgeschichte. Diese Weltanschauungen haben alle gemeinsam, dass sie sowohl Mythologien als auch religiöse Kosmologien verwerfen und sich zu einer Vorstellung von einem einzigen transzendenten Gott entwickeln.[37] Aus dieser »Achse der Weltgeschichte«, so schreibt Jaspers, sollte »für alle Völker ein gemeinsamer Rahmen geschichtlichen Selbstverständnisses erwachsen«,[38] und Arendt meint zustimmend, dass dies der Moment gewesen sei, in dem »die Menschheit (…) gleichsam zum ersten Mal die menschlichen Grundbedingungen« entdeckt habe.[39]

Arendt zieht aus Jaspers' Beobachtungen eine Schlussfolgerung, die sich mit den obigen Überlegungen von Chakrabarty deckt. Für sie wie für Jaspers steht fest, »daß das Auftreten der Menschheit als greifbare politische Realität das Ende der in der Achsen-Zeit beginnenden Weltgeschichte kennzeichnet. (…) Was jetzt nach dem Ende der Weltgeschichte beginnt, ist die Geschichte der Menschheit.«[40] Aber diese »Menschheit«, die am Ende jener Epoche der Weltgeschichte auftaucht, ist keine Spezies – kein »Gattungswesen«, wie Feuerbach oder Marx vielleicht gesagt hätten. Die Philosophie der Menschheit darf *den* Menschen nicht als ein singuläres Subjekt betrachten, das »im einsamen Dialog zu sich selbst« redet, sondern als »*die* Menschen, die miteinander reden und sich verständigen«. Die *conditio humana* ist eine der Pluralität, nicht der Singularität. Die »Zustände auf Erden« fallen noch nicht mit der Würde des Menschen zusammen; sie sind keine soziologische Realität und werden vermutlich auch nie eine sein. Es ist vielmehr das Streben nach diesem Ideal der Menschheit in all ihrer Pluralität und Vielfalt, das den Weg hin zu echter Solidarität ebnet.

Arendt schlussfolgert: »Politisch gesehen kann die neue zerbrechliche Einheit, wie sie die Herrschaft der Technik über die Welt gebracht hat, nur im Rahmen allgemeiner gegenseitiger Abkommen garantiert werden, die schließlich zu einem weltumspannenden Gebilde von verbündeten Staaten führen würden.«[41] Zwischen Arendts bürgerlichem Republikanismus, ihren Idealen einer aktiven und engagierten Bürgerschaft und ihrem Föderalismus gibt es interessante Spannungen, aber auch Komplementaritäten, die an dieser Stelle nicht näher beleuchtet werden können. Interessant ist, dass sowohl Arendt als auch Jaspers bereits Mitte des 20. Jahrhunderts intensiv über die »negative Solidarität« der Menschheit nachgedacht haben, die durch die neuen Kommunikationstechnologien und die Realitäten des Atomzeitalters entstanden war. Insbesondere Arendt betonte die menschliche Pluralität und bestand darauf, dass diese negative Solidarität in eine Art Weltpolitik umgewandelt werden müsse. Sie war allerdings weniger zuversichtlich als Jaspers, dass ein solches Gebilde tatsächlich zustande kommen würde: Für sie bewies die Zerstörung des europäischen Judentums, das sie als »schwächstes Glied« in der »Gemeinschaft der europäischen Völker« bezeichnete,[42] wie schwierig es war, eine gemeinsame Welt von Institutionen und Praktiken, von Versprechen und Verpflichtungen zu schaffen. Dennoch bewunderte sie solche politischen Neuanfänge und plädierte in ihren hellsichtigen Aufsätzen über den Zionismus sogar für eine Verständigung mit den Mittelmeervölkern als Lösung für das israelisch-palästinensische Dilemma.[43]

Für Arendt ist die Welt das, was »dazwischen steht«. Sie ist wie ein Tisch, um den wir sitzen und der uns sowohl vereint als auch trennt. Arendts Konzept der Welt ist Heideggers Kategorien verpflichtet, unterläuft sie gleichzeitig aber auch. Dasein ist In-der-Welt-sein, lautet Heideggers grundlegende Einsicht. Dass das Dasein nicht allein ist und dass sich das Mit-Sein im Sprechen und Handeln mit anderen manifestiert, ist Arendts grundlegender Beitrag.[44] Der Mensch bewohnt die Welt immer im Plural – in Gemeinschaften, in Ethnien, in *demoi*.

Arendts Text über Jaspers ist noch in einer weiteren Hinsicht aufschlussreich. Nach den Katastrophen von Hiroshima und Nagasaki wurde der Einsatz von Atomwaffen geächtet und eingeschränkt. Obwohl unsere Zeit eine Zeit großer Gefahren und Kriege ist, in der das Atomwaffenarsenal der Supermächte weiter wächst und insbesondere Russland mit Drohungen mit einem möglichen nuklearen Unfall wie in Tschernobyl um sich wirft, gibt es nach Fukushima auch ein enormes Bewusstsein für die Gefahren der Nutzung von Kernmaterial. Mit anderen Worten: Es gibt Institutionen, Beschränkungen und Praktiken, die die Menschen eingeführt haben, um das Schlimmste zu verhindern. Können wir das Gleiche tun, um die »kritische Zone« wiederherzustellen, die den Planeten Erde umgibt und die das Leben ermöglicht? Wie ist eine kosmopolitische Weltpolitik in einem planetarischen Zeitalter möglich?

Die drei in diesem Kapitel untersuchten Bedeutungen von Globus als Welt, Erde und Planet stehen in einem komplementären, aber auch spannungsreichen Verhältnis zueinander: Die Welt verortet uns inmitten menschlicher Ereignisse, Institutionen und Politik, und zwar in einer Weise, die unseren Platz auf dieser Erde als fragile Geschöpfe, deren Handlungen die empfindlichen Bedingungen unseres kollektiven Lebens zerstören können, verdecken kann. Wenn wir die Erde als einen Planeten unter anderen betrachten, werden wir uns sowohl der kontingenten Konstellation bewusst, die einen Planeten wie die Erde möglich macht, als auch der Tatsache, dass wir gezwungen sind, von unserem weltlichen Habitat zu einer Sichtweise zu abstrahieren, die unseren Zustand mit den Augen Gottes betrachtet. Die planetarische Perspektive kann auch ein Ressentiment gegen die *conditio humana* in sich tragen, wie Arendt bemerkte.[45] Wir können uns über die Pluralität, den Streit, die Tragödie und die Blindheit der menschlichen Angelegenheiten ärgern und versuchen, ihnen zu entkommen, indem wir die Technologie vergöttern. Die Herausforderung wird also darin bestehen, die Dimensionen des Denkens zu respektieren, die durch die Begriffe der Erde und des Planeten eröffnet werden, und gleichzeitig in der *conditio humana* auf Erden verwurzelt zu bleiben.

Fazit

Mein Ziel in diesem Buch war es, die Kritik am Kosmopolitismus in ihren verschiedenen Formen, ob postkolonial oder dekolonial, einer genaueren Betrachtung zu unterziehen. Ich nehme diese Kritiken ernst und bin der Ansicht, dass sich der Kosmopolitismus auch weiterhin verteidigen lässt, indem man ihn von der Geschichte des westlichen Kapitalismus und dem Zeitalter des Imperialismus und Kolonialismus loslöst. Kants Prinzipien für »Ewigen Frieden« sind nach wie vor bedenkenswert, aber unzureichend für den Aufbau zeitgemäßer kosmopolitischer Institutionen. Für diese Aufgabe müssen wir uns der Arbeit von Völkerrechtsexperten aus dem Globalen Süden zuwenden, die Begriffe wie Souveränität, Flüchtling, Migrant und Verfügung über natürliche Ressourcen de- und rekonstruieren.

Ich habe zwischen vier Arten von Idealtheorie unterschieden: liberalem Nationalismus, liberalem Internationalismus, neoliberalem Globalismus und Kosmopolitismus. Ich habe die Ansicht vertreten, dass diese Kategorien sich nicht gegenseitig ausschließen und dass ein kosmopolitischer Ansatz der Selbstbestimmung interdependenter Souveränitäten auch von den drei anderen Ansätzen lernen muss. Anschließend habe ich mich auf ein grundlegendes Problem unserer Zeit konzentriert, das in jedem künftigen Verständnis von Kosmopolitismus seinen Niederschlag finden muss, nämlich das neue planetarische Bewusstsein, das im Gefolge der ökologischen Katastrophen unserer Zeit entsteht.

Mit Dipesh Chakrabarty und Bruno Latour stimme ich darin überein, dass wir eine Neuausrichtung unseres Denkens brauchen, um diese Fragen zu beantworten, bin allerdings nicht wie sie der Ansicht, dass wir, um eine solche Neuausrichtung zu erreichen, Ontologien des Erdinneren heranziehen und die reaktionäre Moderne quasi durch die Hintertür hereinlassen müssen – ob nun willentlich oder nicht. Wir dürfen das moderne Subjekt nicht als den Locke'schen Besitzer betrachten, sondern müssen es im Sinne der Menschenwürde neu denken, als ein Wesen, das zugleich ein verallgemeinertes und ein konkretes Anderes ist, wie ich an anderer Stelle dargelegt habe.[1] Feministische Theoretikerinnen betonen seit Langem die Notwendigkeit, die Person als ein verkörpertes menschliches Wesen zu betrachten, das in ein Netz von Beziehungen und Narrativen mit anderen verstrickt ist. Zu dieser Einsicht müssen wir nun den Grundsatz ökologischer Denker hinzufügen, dass wir auch in die *terra*, in das Netz des Lebens auf dieser Erde, eingebettet sind. Das Bewusstsein dieser Einbettung sollte uns allerdings nicht dazu verleiten, die Verwurzelung in der Erde zu mystifizieren oder primordialistische Mythologien des Erdinneren mit ihren unappetitlichen politischen Implikationen zu konstruieren.

Ich plädiere für ein Projekt der *demokratischen Selbstbestimmung*, das *sich in ein neues internationales Recht interdependenter Souveränitäten einbetten lässt.* Die Betrachtung des Globus in seinen drei Dimensionen als Welt, Erde und Planet wirkt sich in hohem Maße auf dieses Projekt aus. Auch wenn liberale Nationalisten zu Recht darauf bestehen, dass die Gesetzgebungszuständigkeit für jedes Territorium klar festgelegt sein muss, so ist doch unübersehbar, dass die Klimakrise unserer Zeit den Staat deterritorialisiert,[2] da die Folgen unseres Handelns und unserer Politik in einem Gebiet erhebliche Konsequenzen für viele andere haben. Diese Situation hat auch tiefgreifende Auswirkungen auf das Völkerrecht, das nach wie vor staatszentriert ist. Wir müssen das Völkerrecht stärker auf den internationalen Bereich ausdehnen, um gegen Konzerne und Unternehmen vorgehen zu können, die sich aktiv an der Deterritorialisierung beteiligen, indem sie rund um den Globus unterwegs sind und im Zuge des sogenannten »Forum Shopping« nach Belieben den Gerichtsstand wechseln, um sich so ihrer Verantwortung gegenüber ihren Verbrauchern und Kunden zu entziehen,

Auch für neoliberale Globalisten ist der Klimawandel eine Herausforderung. Während viele Anbeter des Marktes immer noch glauben, die Lösung liege in marktspezifischen Mechanismen wie der Umstellung auf Elektrofahrzeuge oder dem Handel mit und der Begrenzung von Kohlenstoffemissionen, sind andere ausbeuterische Visionäre wie Elon Musk bereit, zum Mars zu fliegen und die Planeten zu annektieren!!! Ihre Macht und ihre Gier sollten zum Wohle der vielen Menschen auf dieser Erde eingedämmt werden. Es war schon immer ein imperialistischer Traum, wenn möglich »die Planeten zu annektieren«: »I would annex the planets if I could«, um es mit den Worten von Cecil Rhodes zu sagen.[3]

Wir müssen neue Modalitäten von Souveränität als Co-Souveränität ins Auge fassen. In mehr als achtzig Ländern wurden bereits Rechtsstreitigkeiten im Zusammenhang mit dem Klimawandel angestrengt, sei es mit menschenrechtsähnlichen Argumenten für eine nachhaltige Zukunft oder mit Maßnahmen zur Begrenzung und Kontrolle des Handelns multinationaler Konzerne und anderer Unternehmensakteure. Doch die Rechtspolitik allein reicht nicht aus. Wie die Jugendbewegungen, die überall auf der Welt entstanden sind, zeigen, schaffen junge Menschen durch ihren Aktivismus und ihre Fantasie eine neue Politik; eine neue Politik der planetarischen Solidarität mit allem Leben, die weit über die formalen Vereinbarungen zwischen Politikern hinausgeht. Meine These ist, dass wir die Politik des Kosmopolitismus bereichern können, indem wir die drei Bedeutungen von Kosmos, nämlich Welt, Erde und Planet, mit einer weltlichen Politik der Menschenwürde verbinden. Albert Hirschmans Leben und Arbeit, mit denen ich diese Ausführungen begonnen habe, sind auch in dieser Hinsicht inspirierende Orientierungsmarken gewesen.

Als einer der frühesten Kritiker des industriellen Wachstumsmodells, das auf der hemmungslosen Nutzung von fossilen Brennstoffen beruht, hat Albert Hirschman zu alternativen Visionen einer planetarischen und kosmopolitischen Zukunft beigetragen. Mit seinen Reisen über Kontinente, Länder, Sprachen und disziplinäre Grenzen hinweg hat er uns ein zutiefst humanistisches Vermächtnis hinterlassen. Seine intensive Beschäftigung mit Mittelamerika und später mit ganz Lateinamerika und schließlich mit Indien und Afrika inspirierte Hirschman zu wichtigen theoretischen Beiträgen nicht nur zur Entwicklungsökonomie, sondern auch zur politischen Soziologie, Sozialpsychologie und Kulturanthropologie. Ihm ging es darum, die Paradigmen wirtschaftlicher Entwicklung in Frage zu stellen, die diesen Ländern von westlichen Technokraten vorgeschrieben wurden und die »Rückständigkeit pathologisierten«.[4] Stattdessen war er daran interessiert, »die Entwicklungsgeschichte mit einem Gefühl des Staunens und des Geheimnisvollen auszustatten, das offenbaren würde, dass sie viel mit den höchsten Bestrebungen gemeinsam hat, die die Menschheit jemals unternommen hat«.[5] Entwicklung und Unterentwicklung auf diese Weise zu betrachten hätte unter anderem zur Folge, dass sich unser Verständnis der wirtschaftlichen Strukturen des Westens verändern würde. In dieser Entwicklung wissenschaftlicher Ideale und Modelle käme es insofern zu einer dialektischen Umkehrung, als die Andersartigkeit des Anderen durch die Entdeckung unserer Gemeinsamkeiten aufgehoben würde.[6] Hirschman lehnte nicht nur den Wirtschaftsfetischismus der auf fossilen Brennstoffen basierenden Wachstumsmodelle ab, sondern wies durch die Aufwertung indigener Ressourcen und Praktiken den Weg zu einem Kosmopolitismus von unten. Diese Kritik am Eurozentrismus teilt er sowohl mit Sylvia Wynter als auch mit Walter Migñolo. Sie alle lehnen die arrogante Haltung ab, den eigenen Standpunkt als Nullpunkt sämtlicher Paradigmen zu betrachten, ob in der Erkenntnistheorie, in der Ontologie oder in den Strategien wirtschaftlicher Entwicklung. Allerdings darf diese Kritik nicht in eine Hermeneutik des Mistrauens münden, die weiß, wogegen man ist, aber nicht deutlich macht, welche Zukunftsideale man verteidigt. Aus diesem Grund habe ich in diesem Buch versucht, die Ideale der kommunikativen Ethik mit dem kosmopolitischen Ansatz zu verknüpfen.

Postskriptum

Während ich diese Zeilen schrieb, kam es zu einer der gewalttätigsten Episoden in der Geschichte der Konfrontation zwischen Israel und Palästina. Manchmal hatte ich das Gefühl, dass Kants ironische Worte »Das mag in der Theorie richtig sein, taugt aber nicht für die Praxis« lebendig geworden waren. Ich dachte auch an Hegels Warnung, die Philosophie komme immer zu spät, um die Welt zu verändern, wie er in der Vorrede zu seinen *Grundlinien der Philosophie des Rechts* bemerkt. Die Philosophie malt stets »ihr Grau in Grau«.[7]

Wenn solche weltgeschichtlichen Ereignisse eintreten, jubeln die Machttheoretiker und die Verfechter des Realismus in den internationalen Beziehungen, weil sich endlich offenbart, was sie schon immer für die Tiefenstruktur der menschlichen Beziehungen gehalten haben, und »die

Ohnmächtigkeit des Sollens« bewiesen wird, die man Kants Ethik und Politiktheorie immer vorgeworfen hat. Sie gehen davon aus, dass Macht und Herrschaft allen menschlichen Beziehungen zugrunde liegen und die normativen Ideale dazu da sind, diese Tiefenstruktur zu verschleiern.

Ich glaube jedoch, dass Macht immer auf irgendeiner Form von Legitimation beruht und dass, in den Worten von Jürgen Habermas, »Faktizität und Geltung« immer in einem Spannungsverhältnis zueinander stehen.[8] In der Tradition der Kritischen Theorie der Frankfurter Schule, in der ich stehe, werden die Ideale und Normen, die in gesellschaftliche Macht- und Herrschaftsverhältnisse eingebettet sind, den Versprechungen dieser Ideale gegenübergestellt und als unzureichend und heuchlerisch entlarvt. Diese oft als »Ideologiekritik« bezeichnete Art der Analyse wird auch in der Hermeneutik des Misstrauens praktiziert. Was das Programm der Kritischen Theorie der Frankfurter Schule von der Praxis der Hermeneutik des Misstrauens unterscheidet, ist das Beharren darauf, den latenten emanzipatorischen Gehalt unserer Ideale und Illusionen sichtbar zu machen.

Der Kosmopolitismus ist ein solches Ideal, das viele für eine Illusion halten, vor allem nach den jüngsten Ereignissen im Nahen Osten und auch schon davor, nach Russlands Angriff auf die Ukraine im Frühjahr 2022. Zweifellos leben wir in einer Zeit, in der die Säulen der nach dem Zweiten Weltkrieg geschaffenen internationalen Ordnung in ihren Grundfesten erschüttert wurden. Diese Ordnung enthielt durch die Anerkennung universeller Menschenrechtsnormen, die heute in verschiedenen internationalen Menschenrechtsabkommen und -konventionen kundgetan werden, kosmopolitische Ideale. Aber es bestand immer ein Spannungsverhältnis zwischen den Normen der staatlichen Souveränität und diesen Idealen, und Kants Entwurf, Konflikte und Kriege zwischen Staaten den

Normen des Völkerrechts zu unterwerfen, wurde nie vollständig verwirklicht.

Die Krise dieses internationalen Regimes ist nicht nur auf die internationalen Spannungen und Widersprüche der Charta der Vereinten Nationen und der Allgemeinen Erklärung der Menschenrechte zurückzuführen; diese Spannungen und Widersprüche werden als Indikator für die Krise des Westens und der aufklärerischen Prinzipien als solchen gesehen. Postkoloniale und dekoloniale Denker haben dazu beigetragen, diese normative internationale Ordnung sowohl zu entmystifizieren als auch zu delegitimieren, indem sie die Heuchelei des Westens offenbarten, der sich auf Menschenrechtsideale beruft, während er gleichzeitig die Ausbeutung und Beherrschung nichtwestlicher Völker und ihrer Ressourcen praktiziert. Doch was folgt aus dieser Kritik? Wie können wir eine bessere Welt rekonstruieren? Zweifellos freuen sich Machttheoretiker und Realisten darüber, dass die Welt wieder zu einem Kampf der Blöcke und der Supermächte zurückgekehrt ist – was sie ihrer Ansicht nach immer war. Carl Schmitts Theorie des »Großraums« erlebt nicht ohne Grund eine Renaissance.

Im Gegensatz dazu habe ich zu zeigen versucht, dass eine interne Kritik und Rekonstruktion der Ideale der Aufklärung möglich ist und dass man postkoloniale und dekoloniale Theorien als Erweiterung unseres Verständnisses dessen lesen kann, was Menschlichkeit und Rechte in der Moderne ausmacht. Aber ich habe auch argumentiert, dass heute eine zusätzliche Herausforderung für kosmopolitische Ideale von der planetarischen Krise unserer Zeit ausgeht. Und hier liegt das Dilemma: Während die planetarische Krise unserer Zeit verlangt, dass die menschliche Spezies sich zusammenschließt und sich ihrer eigenen Handlungsfähigkeit bei der Veränderung der Bedingungen ihrer irdischen Existenz bewusst wird, fragmentieren die Konflikte unserer Zeit, ob sie nun religiöser, ethnischer, kultureller oder sozioökonomischer Natur sind, unser Menschheitsverständnis immer weiter. Das Ziel dieses Buches ist es, ein klares Bild von dieser Situation zu gewinnen, ohne jedoch die Hoffnung darauf zu verlieren, dass wir in der Lage sein werden, unser Menschheitsverständnis dahingehend zu erweitern, dass wir diejenigen, die wir im Zuge des weltweiten Vormarschs der westlichen Moderne ausgeschlossen haben, einbeziehen und zu einem neuen Verständnis unseres Kosmos als Welt und Planet gelangen.

Anmerkungen

Vorwort:
Zu Ehren von Albert Hirschman

1 Jeremy Adelman, Worldly Philosopher. The Odyssey of Albert O. Hirschman, Princeton 2013.

2 Seyla Benhabib, Review of Jeremy Adelman, Worldly Philosopher. The Odyssey of Albert O. Hirschman, in: Democracy: A Journal of Ideas, Nr. 30, Herbst 2013; Seyla Benhabib, Exile, Statelessness and Migration. Playing Chess with History from Hannah Arendt to Isaiah Berlin, Princeton 2018, 145–164.

3 Adelman, Worldly Philosopher, 135.

Kapitel 1:
Der kantianische Kosmopolitismus und seine Kritiker

1 Immanuel Kant, Zum ewigen Frieden. Ein philosophischer Entwurf [1795], in: ders., Werke in zehn Bänden, herausgegeben von Wilhelm Weischedel, Bd. 9, Darmstadt 1975, 191–251.

2 Siehe David Held, Democracy and the Global Order, Stanford, CA 1994; David Held, Kosmopolitanismus – Ideal und Wirklichkeit, übersetzt von Eva Weiler, Freiburg im Breisgau 2013; Daniel Archibugi, David Held, Martin Kohler, Re-Imagining Political Community. Studies in Cosmopolitan Democracy, Stanford, CA 1998; Thomas Pogge, Cosmopolitanism and Sovereignty, in: Ethics 103, Nr. 1, Oktober 1992, 48–75; Jürgen Habermas, Die postnationale Konstellation. Politische Essays, Frankfurt am Main 1998; Jürgen Habermas, Der gespaltene Westen. Kleine Politische Schriften X, Frankfurt am Main 2004; Ulrich Beck, Edgar Grande, Das kosmopolitische Europa. Gesellschaft und Politik in der Zweiten Moderne, Frankfurt am Main 2007; Pauline Klein-

geld, Kant's Cosmopolitan Law. World Citizenship for a Global Order, in: Kantian Review 2, 1998, 72–90; Pauline Kleingeld, Kant and Cosmopolitanism. The Philosophical Ideal of World Citizenship, Cambridge 2012; Pauline Kleingeld, Cosmopolitanism [2002], Stanford Encyclopaedia of Philosophy, 2019, https://plato.stanford.edu/entries/cosmopolitanism/ (aufgerufen am 26. 1. 2024); Gerard Delanty, The Cosmopolitan Imagination. The Renewal of Critical Social Theory, Cambridge 2009.

3 Peng Cheah, Bruce Robbins, Cosmopolitics. Thinking and Feeling Beyond the Nation, Minneapolis, MN 1998; Emily Apter, Cosmopolitics, Blogeintrag, 2018, https://www.versobooks.com/blogs/3607-cosmopolitics (aufgerufen am 14. 2. 2024).

4 Peng Cheah, Inhuman Conditions. On Cosmopolitanism and Human Rights, Cambridge, MA 2006, 18. Vgl. Seyla Benhabib, Dignity in Adversity. Human Rights in Turbulent Times, London und New York 2011, 1–19.

5 Étienne Balibar, Secularism and Cosmopolitanism. Critical Hypotheses on Religion and Politics, New York 2018, 22.

6 Jürgen Habermas, Ach, Europa. Kleine Politische Schriften XI, Frankfurt am Main 2008.

7 Seyla Benhabib, Konterrevolution gegen den Kosmopolitismus. Der Hass auf Frauen, die Natur und das Andere, in: Blätter für deutsche und internationale Politik, Dezember 2022, 89–97.

8 Joseph Carens, Aliens and Citizens. The Case for Open Borders, in: Review of Politics 49, Nr. 2, 1987, 251–273.

9 Balibar, Secularism and Cosmopolitanism, 22.

10 Apter, Cosmopolitics (Hervorhebung SB).

11 Martha Nussbaum, Kosmopolitismus. Revision eines Ideals, übersetzt von Manfred Weltecke, Darmstadt 2020.

12 Kwame Anthony Appiah, Der Kosmopolit. Philosophie des Weltbürgertums, übersetzt von Michael Bischoff, München 2007.

13 Siehe Seyla Benhabib, Kosmopolitismus und Demokratie. Eine Debatte, mit Bonnie Honig, Jeremy Waldron und Will Kymlicka, herausgegeben und eingeleitet von Robert Post, übersetzt von Thomas Atzert, Frankfurt am Main und New York 2008; Benhabib, Dignity in Adversity; Seyla Benhabib, The New Sovereigntism and Transnational Law. Legal Utopianism, Democratic Skepticism and Statist Realism, in: Global Constitutionalism, Nr. 5, Frühjahr 2016, 109–144; Seyla Benhabib, Kosmopolitismus ohne Illusionen. Menschenrechte in unruhigen Zeiten, Berlin 2016.

14 Nussbaum, Kosmopolitismus, 9.

15 Ebd., 266.

16 Ebd., 264.

17 Ebd., 277.

18 Nussbaum, Kosmopolitismus, 176, 276, 299.

19 Ebd., 291.

20 Ebd., 291–292.

21 Siehe James Hathaway, Michelle Foster, The Law of Refugee Status, 2. Auflage, Cambridge 2014; Seyla Benhabib, Die Rechte der Anderen. Ausländer, Migranten, Bürger, übersetzt von Frank Jakubzik, Frankfurt am Main 2008; Seyla Benhabib, The End of the 1951 Refugee Convention? Dilemmas of Sovereignty, Territoriality, and Human Rights, in: Jus Cogens 2, Nr. 1, 2020, 75–100, https://doi.org/10.1007/s42439-020-00022-1.

22 Siehe Joseph Carens, The Ethics of Immigration, Oxford 2014; Simon Caney, Justice Beyond Borders. A Global Political Theory, Oxford 2005; Sarah Fine, Lea Ypi (Hg.), Migration in Political Theory. The Ethics of Movement and Membership, Oxford 2019.

23 Miller, Fremde in unserer Mitte.

24 Nussbaum, Kosmopolitismus, 22.

25 Ebd., 22–23 (Hervorhebung SB). Auch das ist eine komplizierte Angelegenheit, die Nussbaum nicht im Detail erläutert. Während einige Länder das Völkerrecht und die Vereinbarungen, die sie unterzeichnet haben, als Teil ihrer Verfassung aufnehmen – das wird als »monistisches System« bezeichnet –, sind andere Länder, wie zum Beispiel die Vereinigten Staaten, »dualistisch«, das heißt, es bedarf der Ratifizierung durch den Senat, damit ein internationaler Vertrag Teil des Rechts des Landes wird. Seit den Attacken vom Obersten Richter Antonin Scalia auf die »nichtdemokratische Legitimation« des Völkerrechts gibt es am Obersten Gerichtshof der USA eine dezidiert antikosmopolitische Einstellung »gegen die Welt« (Stephen Breyer, The Court and the World. American Law and the New Global Realities, New York 2015). Nationen können je nach ihren eigenen Verfassungen und Traditionen eines der beiden Modelle übernehmen, doch der Einfluss des internationalen Rechts auf die nationalen Gerichte und Institutionen ist nicht per se undemokratisch.

26 Das Akronym CEDAW steht für Convention on the Elimination of All Forms of Discrimination Against Women (Übereinkommen zur Beseitigung jeder Form von Diskriminierung der Frau, kurz auch Frauenrechtskonvention) (Anm. d. Red.).

27 Nussbaum, Kosmopolitismus, 280.

28 Apter, Cosmopolitics.

29 Balibar, Secularism and Cosmopolitanism, 22.

30 Vgl. Kleingeld, Cosmopolitanism [2002], Stanford Encyclopaedia of Philosophy, 2019.

31 Appiah, Der Kosmopolit.
32 Ebd.
33 Kant, Zum ewigen Frieden, 195.
34 Ebd., 204.
35 Ebd., 208 (Hervorhebung im Original).
36 Ebd., 211.
37 Inés Valdez, Transnational Cosmopolitanism. Kant, Du Bois, and Justice as a Political Craft, Cambridge 2019; Pauline Kleingeld, Kant's Second Thoughts on Colonialism, in: Kant and Colonialism, herausgegeben von Katrin Flickschuh und Lea Ypi, Oxford 2014, 43–68.
38 Kant, Zum ewigen Frieden, 213.
39 Ebd.
40 Immanuel Kant, Die Metaphysik der Sitten [1797], in: ders., Werke in zehn Bänden, herausgegeben von Wilhelm Weischedel, Bd. 7, Darmstadt 1975, § 62, 121.
41 Sylvia Wynter, Unsettling the Coloniality of Being/Power/Truth/Freedom. Towards the Human, After Man, Its Overrepresentation – An Argument, in: The New Centennial Review 3, Herbst 2003, 257–337. Siehe dazu Kapitel 2.
42 Jane Anna Gordon, Statelessness and Contemporary Enslavement, New York und London 2020; Valdez, Transnational Cosmopolitanism.
43 James Tully, Public Philosophy in a New Key, Bd. II: Imperialism and Civic Freedom, Cambridge 2008, 148.
44 Kant, Zum ewigen Frieden, 214–216. Siehe auch Sankar Muthu, Enlightenment and Empire, Princeton, NJ 2003.
45 Immanuel Kant, Bestimmung des Begriffes einer Menschenrasse [1784], in: ders., Werke in zehn Bänden, herausgegeben von Wilhelm Weischedel, Bd. 9, Darmstadt 1975, 65–82.
46 Siehe T. A. McCarthy, Race, Empire and The Idea of Human Development, Cambridge 2009; David Harvey, Cosmopolitanism and the Geographies of Freedom, New York 2009; Kleingeld, Kant's Second Thoughts on Colonialism.
47 Paul Ricœur, Die Interpretation. Ein Versuch über Freud, übersetzt von Eva Moldenhauer, Frankfurt am Main 1969.
48 Étienne Balibar, Gleichfreiheit. Politische Essays, übersetzt von Christine Pries, Berlin 2012.
49 Seyla Benhabib, The Claims of Culture. Equality and Diversity in the Global Era, Princeton, NJ 2002; Benhabib, Die Rechte der Anderen; Benhabib, Kosmopolitismus und Demokratie; Benhabib, Dignity in Adversity; Benhabib, Kosmopolitismus ohne Illusionen; Benhabib, The End of the 1951 Refugee Convention?

50 Jürgen Habermas, Diskursethik – Notizen zu einem Begründungsprogramm, in: ders., Moralbewusstsein und kommunikatives Handeln, Frankfurt am Main 1983, 53–126; Seyla Benhabib, Der verallgemeinerte und der konkrete Andere. Die Kohlberg/Gilligan-Kontroverse aus der Sicht der Moraltheorie [1986], in: dies., Selbst im Kontext. Kommunikative Ethik im Spannungsfeld von Feminismus, Kommunitarismus und Postmoderne, Frankfurt am Main 1995, 161–191.

51 Rainer Forst, Das Recht auf Rechtfertigung. Elemente einer konstruktivistischen Theorie der Gerechtigkeit, Frankfurt am Main 2007.

52 Benhabib, Selbst im Kontext, 33–75 (Im Schatten von Aristoteles und Hegel. Kommunikative Ethik und Kontroversen in der zeitgenössischen praktischen Philosophie) und 161–191 (Der verallgemeinerte und der konkrete Andere).

53 Benhabib, Der verallgemeinerte und der konkrete Andere; Benhabib, Kosmopolitismus ohne Illusionen.

Kapitel 2: Von der Hermeneutik des Misstrauens zur Rekonstruktion des Weltbürgerrechts

1 Emily Apter, Cosmopolitics, Blogeintrag, 2018, https://www.versobooks.com/blogs/3607-cosmopolitics (aufgerufen am 26.1.2024).

2 Seyla Benhabib, Kosmopolitismus und Demokratie. Eine Debatte, mit Bonnie Honig, Jeremy Waldron und Will Kymlicka, herausgegeben und eingeleitet von Robert Post, übersetzt von Thomas Atzert, Frankfurt am Main, New York 2008.

3 Sylvia Wynter, Unsettling the Coloniality of Being/Power/Truth/Freedom. After Man. Its Overrepresentation – An Argument, in: The New Centennial Review 3, Herbst 2003, 262.

4 Die von Wynter thematisierten Fragen wurden von Jacques Derrida in einem frühen Aufsatz mit dem Titel »The Ends of Man« erörtert, in dem er die Gleichsetzung des Mannes mit dem Menschen kritisierte, wenn auch aus einer seltsam maoistischen Perspektive, in der er die Einkreisung der Städte durch die Bauern der Dritten Welt und die ländlichen Provinzen verteidigte, die seiner Meinung nach ein neues Modell des Menschen darstellen. Siehe Jacques Derrida, The Ends of Man, in: Philosophy and Phenomenological Research 30, Nr. 1, 1969, 31–57; siehe auch Jacques Derrida, Fines hominis, in: ders., Randgänge der Philosophie, herausgegeben von Peter Engelmann, Wien 1988, 119–142.

5 Wynter, Unsettling the Coloniality of Being/Power/Truth/Freedom, 268.

6 Siehe Daniel R. Brunstetter, Sepúlveda, Las Casas, and the Other: Exploring the Tension between Moral Universalism and Alterity, in: The Review of Politics 72, 2010, 409–435.

7 Wynter, Unsettling the Coloniality of Being/Power/Truth/Freedom, 296–297.

8 Ebd.

9 Walter Migñolo, The Darker Side of the Enlightenment: A De-Colonial Reading of Kant's Geography, in: Stuart Elden and Eduardo Mendieta (Hg.), Reading Kant's Geography, Albany, NY 2011, 326.

10 Ebd., 326 und 329.

11 Siehe Carolin Emcke, Für den Zweifel. Gespräche mit Thomas Strässle, Zürich 2022.

12 Hannah Arendt, Kultur und Politik [1954], in: dies., Zwischen Vergangenheit und Zukunft. Übungen im politischen Denken I, München 1994, 277–304.

13 Immanuel Kant, Kritik der Urteilskraft (1790), in: ders., Werke in zehn Bänden, herausgegeben von Wilhelm Weischedel, Bd. 8, Darmstadt 1975, § 35 und 40.

14 Arendt, Kultur und Politik, 298–299.

15 Antony Anghie, Imperialism, Sovereignty and the Making of International Law, Cambridge 2005, 140.

16 Ebd., 198–199.

17 Ebd., 314.

18 Ebd., 318.

19 Ebd., 198–199.

20 Resolution der Generalversammlung, verabschiedet am 1. Mai 1974, 3201 (S-VI). Erklärung über die Errichtung einer neuen internationalen Wirtschaftsordnung, Deutscher Übersetzungsdienst, Vereinte Nationen New York, Februar 1993, https://www.un.org/depts/german/gv-early/ar3201-s-vi.pdf (aufgerufen am 26. 1. 2024). Siehe ferner Resolution adopted by the General Assembly, 3281 (XXIX). Charter of Economic Rights and Duties of States, 12. Dezember 1974, http://www.un-documents.net/a29r3281.htm (aufgerufen am 26. 1. 2024).

21 Es sei daran erinnert, dass die UN-Flüchtlingskonvention von 1951 ursprünglich nur für Ereignisse galt, die vor dem 1. Januar 1951 auf dem europäischen Kontinent stattfanden, und dass diese zeitlichen und geografischen Beschränkungen erst mit dem Protokoll über die Rechtsstellung der Flüchtlinge von 1967 aufgehoben wurden. Siehe dazu: UNHCR, The 1951 Convention Relating to the Status of Refugees and Its 1967 Protocol, September 2011, https://www.unhcr.org/sites/default/files/legacy-pdf/4ec262df9.pdf (aufgerufen am 26. 1. 2024).

22 https://www.unhcr.org/refugee-statistics/ (aufgerufen am 26.1.2024).

23 E. Tendayi Achiume, Migration as Decolonization, in: Stanford Law Review 71, 2019, 1509–1574.

24 Seyla Benhabib, The End of the 1951 Refugee Convention? Dilemmas of Sovereignty, Territoriality, and Human Rights, in: Jus Cogens 2, Nr. 1, 2020, 75–100, https://doi.org/10.1007/s42439-020-00022-1.

25 Ebd.; Ayelet Shachar, The Shifting Border. Legal Cartographies of Migration and Mobility, Manchester 2020.

26 Achiumes Forderung nach »Co-Souveränität« (Achiume, Migration as Decolonization) zwischen den Kolonisatoren und ihren ehemaligen Kolonien wirft nicht nur Fragen des Zugangs zu Gebieten und der Migrationskontrolle auf, sondern hat auch Auswirkungen auf die politische Mitsprache und Vertretung. Wie sollten die Bürger ehemaliger Kolonien repräsentiert werden? Der britische Commonwealth of Nations, dem 56 Länder angehören, gewährt den Bürgern der Mitgliedstaaten einige Vorteile, indem sie ein Aufenthaltsrecht erhalten können. In 16 Mitgliedstaaten sind die Einwohner anderer Commonwealth-Staaten bei Wahlen auf kommunaler Ebene stimmberechtigt (Commonwealth citizen, englischer Wikipedia-Eintrag, https://en.wikipedia.org/wiki/Commonwealth_citizen [aufgerufen am 26.1.2024]).

27 John Rawls, Das Recht der Völker. Enthält: »Nochmals. Die Idee der öffentlichen Vernunft«, übersetzt von Wilfried Hinsch, Berlin und New York 2002; Michael Walzer, Sphären der Gerechtigkeit. Ein Plädoyer für Pluralität und Gleichheit, übersetzt von Hanne Herkommer, Frankfurt am Main und New York 1992; Thomas Nagel, Das Problem globaler Gerechtigkeit [2005], in: Globale Gerechtigkeit. Schlüsseltexte zur Debatte zwischen Partikularismus und Kosmopolitismus, herausgegeben von Christoph Broszies und Henning Hahn, Berlin 2010, 104–145; David Miller, Fremde in unserer Mitte. Politische Philosophie der Einwanderung, übersetzt von Frank Lachmann, Frankfurt am Main 2017.

28 Nussbaum, Kosmopolitismus, 266.

29 Wie David Miller argumentiert, erfordert die Einschätzung der Verantwortung gegenüber Flüchtlingen eine Abwägung der Interessen von »Menschen, denen durch die erlittene Verfolgung erhebliche Schädigungen drohen«, mit denen von »politischen Gemeinwesen, die zwar zur Aufrechterhaltung der Demokratie und zur Schaffung von ein wenig sozialer Gerechtigkeit in der Lage sind, dafür aber auf eine Abriegelung nach außen angewiesen sind« (Miller, Fremde in unserer Mitte, 145).

30 Anne-Marie Slaughter, Disaggregated Sovereignty. Towards the Public Accountability of Global Government Networks, in: Government and Opposition 39, Nr. 2, 2004, 159–190; Harold Hongju Koh, Why Do Nations Obey International Law? (Review Essay), in: Yale Law Journal 106, Nr. 8, 1997, 2599–2659; Michael Doyle, Kant and Liberal Internationalism, in: Immanuel Kant, Toward Perpetual Peace and Other Writings on Politics, Peace and History (2006), mit Essays von J. Waldron, M. W. Doyle und A. Wood, herausgegeben von P. Kleingeld, übersetzt von D. L. Colclasure, New Haven, CT, 201–243.

31 Friedrich August von Hayek, Der Weg zur Knechtschaft [1944], München 2009; Milton Friedman, Kapitalismus und Freiheit [1962], übersetzt von Jan W. Haas und Paul C. Martin, München und Zürich 2004; Thomas L. Friedman, Globalisierung verstehen. Zwischen Marktplatz und Weltmarkt, übersetzt von Helmut Dierlamm u. a., Berlin 1999.

32 Vgl. das bahnbrechende Werk von Wendy Brown, das sich auf die kulturellen und gesellschaftlichen Aspekte des Neoliberalismus konzentriert: In the Ruins of Neo-Liberalism. The Rise of Anti-Democratic Politics in the West, New York 2019.

33 Katharina Pistor, The Code of Capital. How the Law Creates Wealth and Inequality, Princeton, NJ 2019.

34 Seyla Benhabib, Die Rechte der Anderen. Ausländer, Migranten, Bürger, übersetzt von Frank Jakubzik, Frankfurt am Main 2008.

35 Seyla Benhabib, Dignity in Adversity. Human Rights in Turbulent Times, London and New York 2011.

36 E. Tendayi Achiume, The Fatal Flaw in International Law for Migration, in: Columbia Journal of Transnational Law 56, Nr. 2, 2018, 262.

37 Hans Kelsen, Reine Rechtslehre. Einleitung in die rechtswissenschaftliche Problematik [1934], Tübingen 2008, 93.

38 Carl Schmitt, Verfassungslehre [1928], 11. Auflage, Berlin 2017.

39 Hans Kelsen, Sovereignty and International Law, in: The Georgetown Law Journal 48, Nr. 4, Summer 1960, 627–640.

40 Inés Valdez, die den transnationalen Kosmopolitismus verteidigt, lehnt neokantianische Formulierungen einer »rasanten Genealogie des 20. Jahrhunderts« ab, die »eine allmähliche, aber unabweisbare Ausdehnung der öffentlichen Sphäre durch den Völkerbund, die Vereinten Nationen und die EU sowie ein Narrativ, das die Menschenrechte privilegiert«, vorsehen (Inés Valdez, Transnational Cosmopolitanism. Kant, Du Bois, and Justice as a Political Craft, Cambridge 2019, 15). Das Projekt, die Geschichte des »kurzen 20. Jahrhunderts«, wie Eric Hobsbawm es genannt hat

(Das Zeitalter der Extreme. Weltgeschichte des 20. Jahrhunderts, übersetzt von Yvonne Badal, München 1995), durch die Perspektiven und Erfahrungen der Menschen in Asien, Afrika, der Karibik und vielen anderen Regionen der Welt zu »verlängern«, ist absolut notwendig. In der Tat sollten wir eine rasante Genealogie vermeiden, aber wir sollten auch nicht auf die Formulierung normativer Prinzipien verzichten, die wir in einer künftigen Welt verwirklicht sehen möchten.

41 Jürgen Habermas, Faktizität und Geltung. Beiträge zur Diskurstheorie des Rechts und des demokratischen Rechtsstaats, Frankfurt am Main 1992.

Kapitel 3: Der Globus als Welt, Erde und Planet

1 Dipesh Chakrabarty, Das Klima der Geschichte im planetarischen Zeitalter, übersetzt von Christine Pries, Berlin 2022.

2 Zitiert in ebd., 63–64.

3 Intergovernmental Panel on Climate Change, Climate Change 2007: Synthesis Report. Summary for Policy Makers, https://www.ipcc.ch/site/assets/uploads/2018/02/ar4_syr_spm.pdf (aufgerufen am 27. 1. 2024).

4 Ebd., 5.

5 Chakrabarty, Das Klima der Geschichte im planetarischen Zeitalter, 62.

6 Nancy Fraser, Der Allesfresser. Wie der Kapitalismus seine eigenen Grundlagen verschlingt, übersetzt von Andreas Wirthensohn, Berlin 2023, 153.

7 Chakrabarty, Das Klima der Geschichte im planetarischen Zeitalter, 71.

8 Ebd., 344.

9 Ebd., 343.

10 Ebd., 14.

11 Immanuel Kant, Die Metaphysik der Sitten [1797], in: ders., Werke in zehn Bänden, herausgegeben von Wilhelm Weischedel, Bd. 7, Darmstadt 1975, 373. Vgl. Seyla Benhabib, Die Rechte der Anderen. Ausländer, Migranten, Bürger, übersetzt von Frank Jakubzik, Frankfurt am Main 2008, 42–44.

12 Bruno Latour, Das terrestrische Manifest, übersetzt von Bernd Schwibs, Berlin 2018, 25.

13 Ebd., 81.

14 Ebd., 51–52.

15 Ebd., 92.

16 Abgedruckt in Chakrabarty, Das Klima der Geschichte im planetarischen Zeitalter, 345–365.

17 Ebd., 346.

18 Ebd., 347.

19 Ebd., 349.

20 Ebd., 354–355.

21 Ebd., 308.

22 Martin Heidegger, Die Frage nach der Technik (1953), in: ders., Gesamtausgabe, I. Abt., Bd. 7: Vorträge und Aufsätze (1936–1953), herausgegeben von F.-W. von Herrmann, Frankfurt am Main 2000.

23 Carl Schmitt, Der Nomos der Erde im Völkerrecht des Jus Publicum Europaeum [1950], 5. Aufl., Berlin 2011, 17. Die umfassendste Diskussion über die Erde und ihre Auswirkungen auf Recht und Politik findet sich in diesem Werk Schmitts. Darin sieht Schmitt das Recht als eine Einheit von »Ordnung« und »Ortung« und stellt damit eine ursprüngliche Beziehung zwischen dem Raum und der ihn umfassenden Rechtsordnung her. Im Gegensatz dazu kennt das Meer eine solche »Einheit von Raum und Recht, von Ordnung und Ortung« nicht (ebd., 14). Wir sehen, inwiefern Schmitts frühere Doktrin einer »Großraumordnung«, mit der er die nationalsozialistische Expansionspolitik zu rechtfertigen versuchte (Carl Schmitt, Völkerrechtliche Großraumordnung mit Interventionsverbot für raumfremde Mächte. Ein Beitrag zum Reichsbegriff im Völkerrecht [1941], Berlin 2022), in einigen grundlegenden Unterscheidungen seines Denkens wurzelt. Der Niedergang des Völkerrechts des »Jus Publicum Europaeum« geht Hand in Hand mit dem Aufstieg der liberalen Seemächte, vor allem Englands und später der Vereinigten Staaten. Ihr Recht ist ein »entwurzeltes« Recht.

24 Martin Heidegger, Brief über den »Humanismus« [1946], in: ders., Gesamtausgabe, Bd. 9: Wegmarken, herausgegeben von F.-W. von Herrmann, Frankfurt am Main 1977.

25 Schmitt, Der Nomos der Erde im Völkerrecht des Jus Publicum Europaeum, 143–156.

26 John Locke, Über die Regierung (The Second Treatise of Government) [1690], herausgegeben von Peter Cornelius Meyer-Tasch, übersetzt von Dorothee Tidow, Stuttgart 2003, 38 (Abschnitt 49).

27 Chakrabarty, Das Klima der Geschichte im planetarischen Zeitalter, 358.

28 Ebd., 359.

29 Theodor W. Adorno, Zur Lehre von der Geschichte und von der Freiheit (1964/1965), herausgegeben von Rolf Tiedemann, Frankfurt am Main 2006.

30 Karl Jaspers, Die Atombombe und die Zukunft des Menschen, München und Zürich 1957; vgl. auch Elisabeth Young-Bruehl, Hannah Arendt. Leben, Werk und Zeit, übersetzt von Hans Günter Holl, Frankfurt am Main 1986, 414–417.
31 Hannah Arendt, Karl Jaspers: Bürger der Welt [1957], in: dies., Menschen in finsteren Zeiten, München 2012, 102.
32 Ebd., 103.
33 Ebd., 104.
34 Ebd.
35 Immanuel Kant, Zum ewigen Frieden. Ein philosophischer Entwurf [1795], in: ders., Werke in zehn Bänden, herausgegeben von Wilhelm Weischedel, Bd. 9, Darmstadt 1975, 225.
36 Kant, Die Metaphysik der Sitten, 476.
37 Carmen Dege, Myth, Modernity, and the Legacy of the Axial Age. Taylor, Habermas, Assmann, and Jaspers, in: Journal of the History of Ideas 84, Nr. 4, October 2023, 743–773.
38 Zitiert in Arendt, Karl Jaspers: Bürger der Welt, 109.
39 Ebd., 110.
40 Ebd., 111–112.
41 Ebd., 115.
42 Hannah Arendt, Wir Flüchtlinge [1943], in: dies., Wir Juden. Schriften 1932 bis 1966, zusammengestellt und herausgegeben von Marie Luise Knott und Ursula Ludz, München 2019, 52.
43 Hannah Arendt, Der Zionismus aus heutiger Sicht [1945], in: dies., Wir Juden. Schriften 1932 bis 1966, zusammengestellt und herausgegeben von Marie Luise Knott und Ursula Ludz, München 2019, 177–178, 215.
44 Seyla Benhabib, Hannah Arendt – Die melancholische Denkerin der Moderne, übersetzt von Karin Wördemann, Hamburg 1998, 171–185.
45 Hannah Arendt, Vita activa oder Vom tätigen Leben [1958], München und Zürich 2002, Kapitel vi.

Fazit

1 Seyla Benhabib, Der verallgemeinerte und der konkrete Andere. Die Kohlberg/Gilligan-Kontroverse aus der Sicht der Moraltheorie [1986], in: dies., Selbst im Kontext. Kommunikative Ethik im Spannungsfeld von Feminismus, Kommunitarismus und Postmoderne, Frankfurt am Main 1995, 161–191.
2 Zur Frage der Deterritorialisierung siehe Seyla Benhabib, The End of the 1951 Refugee Convention? Dilemmas of Sovereignty, Territoriality, and Human Rights, in: Jus Cogens 2, Nr. 1, 2020,

75–100, https://doi.org/10.1007/s42439-020-00022-1; Ayelet Shachar, The Shifting Border. Legal Cartographies of Migration and Mobility, Manchester 2020.

3 Zitiert in Hannah Arendt, Elemente und Ursprünge totaler Herrschaft. Antisemitismus, Imperialismus, totale Herrschaft [1951], München 1986, 286.

4 Jeremy Adelman, Worldly Philosopher. The Odyssey of Albert O. Hirschman, Princeton, NJ 2013, 331.

5 Albert O. Hirschman, A Hidden Ambition, in: ders., A Propensity to Self-Subversion, Cambridge, MA 1995, 129. Ursprünglich verfasst als Vorwort zur Neuausgabe von Development Projects Observed (orig. Washington DC, 1967; Neuauflage 1994).

6 Seyla Benhabib, Exile, Statelessness and Migration. Playing Chess with History from Hannah Arendt to Isaiah Berlin, Princeton, NJ 2018, 154–156.

7 Georg Wilhelm Friedrich Hegel, Grundlinien der Philosophie des Rechts [1822], Werke, Bd. 7, herausgegeben von Eva Moldenhauer und Karl Markus Michel, Frankfurt am Main 1986, 28.

8 Jürgen Habermas, Faktizität und Geltung. Beiträge zur Diskurstheorie des Rechts und des demokratischen Rechtsstaats, Frankfurt am Main 1992.